AF220384

Impressum
Verlag: BABADADA GmbH, Nedderfeld 112 , 22529 Hamburg
Geschäftsführer / Verlagsleitung: Harald Hof
Druck: Books on Demand GmbH, In de Tarpen 42, 22848 Norderstedt

Imprint
Publisher: BABADADA GmbH, Nedderfeld 112 , 22529 Hamburg, Germany
Managing Director / Publishing direction: Harald Hof
Print: Books on Demand GmbH, In de Tarpen 42, 22848 Norderstedt

اسکول

school

کمرہ جماعت
klaslokaal

تقسیم کریں
delen

186/2

بورڈ
bord

سکول کا صحن
speelplaats

اُستاد
leerkracht

کاغذ
papier

لکھنا
schrijven

قلم
pen

میز
bureau

پیمانہ
liniaal

کتاب
boek

شاگرد
leerling

بستہ
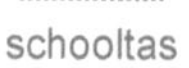
schooltas

پینسل کیس
pennenzak

پینسل
potlood

پینسل شارپنر
puntenslijper

ربڑ
gom

ڈرائنگ پیڈ
tekenblok

ڈرائنگ

tekening

پینٹ برش

verfborstel

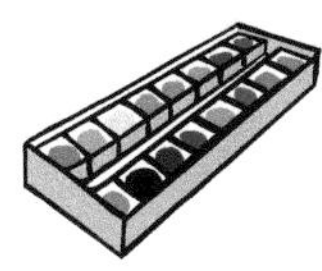

پینٹ باکس

verfdoos

قینچی

schaar

گوند

lijm

مشق کی کاپی

werkboek

ہوم ورک

huiswerk

ہندسہ

nummer

جمع کریں

optellen

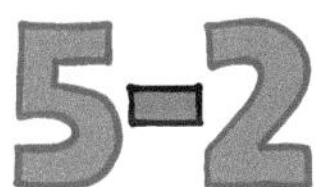

منفی کریں

aftrekken

ضرب دیں

vermenigvuldigen

شمارکریں

rekenen

خط

letter

حروف تہجی

alfabet

لفظ

woord

متن
....
tekst

پڑھنا
....
Lezen

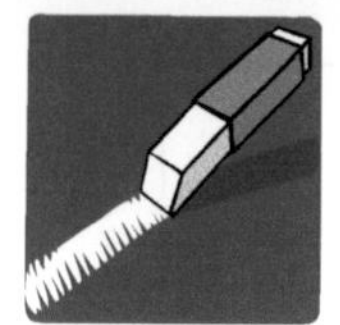

چاک
....
krijt

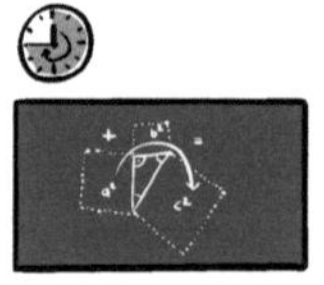

سبق
....
les

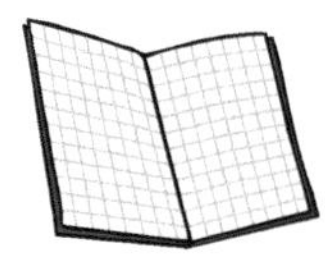

اندراج
....
klassenboek

امتحان
....
examen

سند
....
certificaat

سکول یونیفارم
....
schooluniform

تعلیم
....
onderwijs

انسائیکلوپیڈیا
....
encyclopedie

یونیورسٹی
....
universiteit

خورد بین
....
microscoop

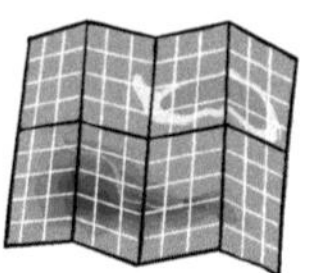

نقشہ
....
kaart

ویسٹ پیپر باسکٹ
....
papiermand

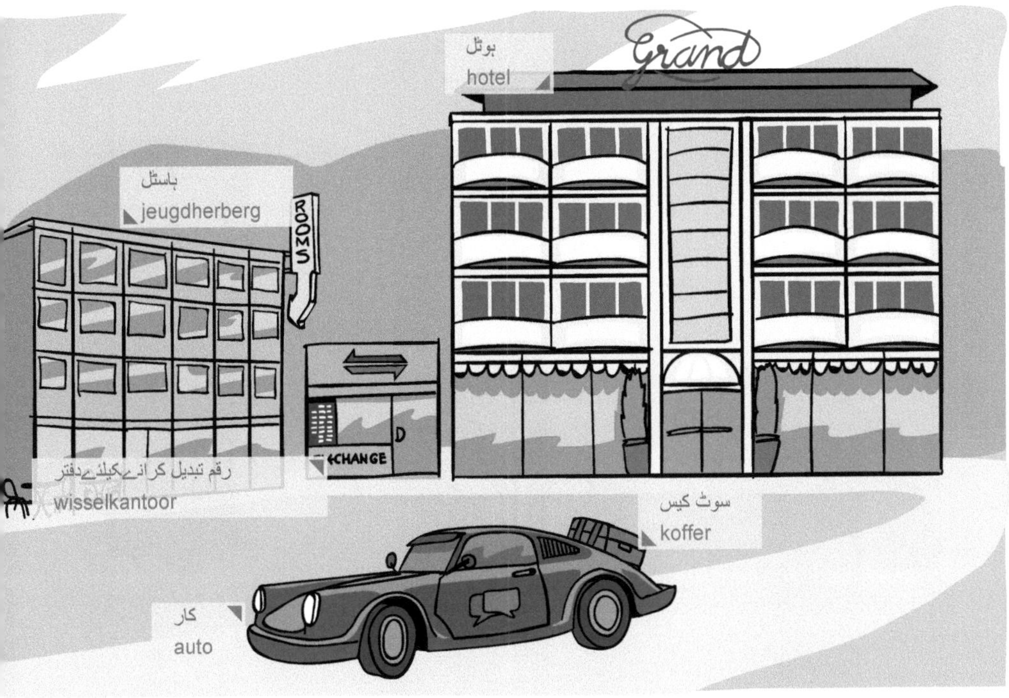

سفر

reis

ہوٹل
hotel

ہاسٹل
jeugdherberg

رقم تبدیل کرانے کیلئے دفتر
wisselkantoor

سوٹ کیس
koffer

کار
auto

زبان
Taal

ہاں / نہیں
ja / nee

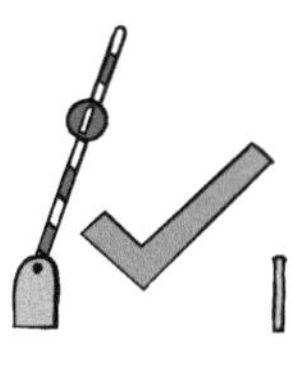

ٹھیک ہے
oké

ہیلو
hallo

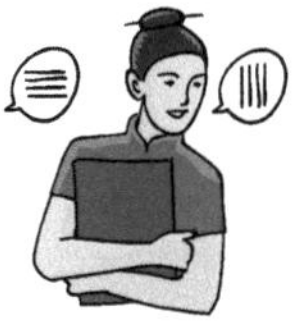

مُترجم
vertaler

شُکریہ
bedankt

--- کی کیا قیمت ہے؟

....

Hoeveel kost ...?

میں نہیں سمجھتا

....

Ik begrijp het niet

مشکل

....

probleem

شام بخیر!

....

Goedenavond!

صبح بخیر!

....

Goedemorgen!

شب بخیر!

....

Goedenavond!

الوداع

....

Tot ziens

سمت

....

richting

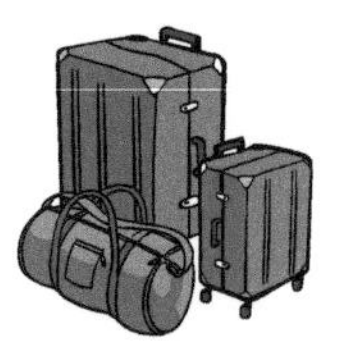

سفری سامان

....

bagage

بیگ

....

zak

بیگ پیک

....

rugzak

مہمان

....

gast

کمرہ

....

kamer

سلیپنگ بیگ

....

slaapzak

ٹینٹ

....

tent

سیاحوں کےلئےمعلومات

....

toeristeninformatie

ساحل

....

strand

کریڈٹ کارڈ

....

kredietkaart

ناشتہ

....

ontbijt

لنچ

....

lunch

ڈنر

....

avondeten

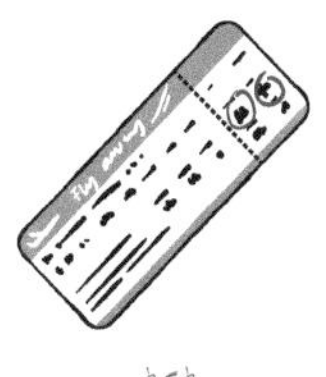

ٹکٹ

....

ticket

لفٹ

....

lift

مُہر

....

postzegel

سرحد

....

grens

کسٹمز

....

douane

سفارت خانہ

....

ambassade

ویزا

....

visum

پاسپورٹ

....

paspoort

نقل وحمل

transport

ہوائی جہاز
vliegtuig

سمندری جہاز
schip

آگ بُجھانے والی گاڑی
brandweerwagen

بس
bus

ٹرک
vrachtwagen

موٹربوٹ
motorboot

کار
auto

سائیکل
fiets

فیری
....
veerboot

کشتی
....
boot

موٹرسائیکل
....
motor

پولیس کار
....
politiewagen

ریسنگ کار
....
racewagen

کرایہ پرکار
....
huurauto

کارکا اشتراک کرنا

carpoolen

کھینچنےوالا ٹرک

sleepwagen

کوڑے والا ٹرک

vuilniswagen

کار

motor

ایندھن

benzine

پٹرول اسٹیشن

benzinestation

ٹریفک کےنشانات

verkeersbord

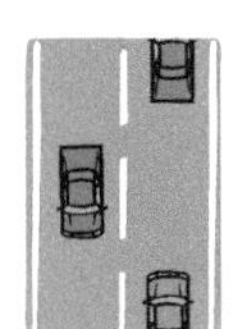

ٹریفک

verkeer

ٹریفک جام

file

کارپارک

parkeerplaats

ٹرین اسٹیشن

station

پٹڑیاں

sporen

ٹرین

trein

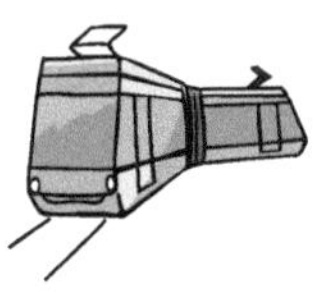

ٹرام

tram

ویگن

wagon

ہیلی کاپٹر

helikopter

ائرپورٹ

luchthaven

ٹاور

toren

مسافر

passagier

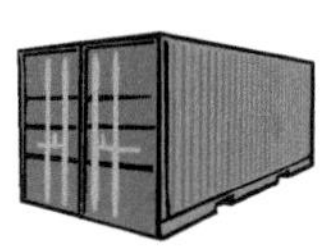

کنٹینر

container

ڈبہ

karton

ریڑھا

kar

ٹوکری

mand

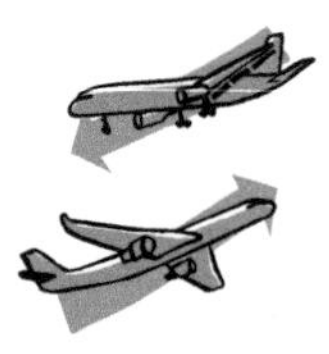

اڑان بھرنا / زمین پراُترنا

opstijgen / landen

شہر
stad

گاؤں

dorp

سٹی سنٹر

stadscentrum

مکان

huis

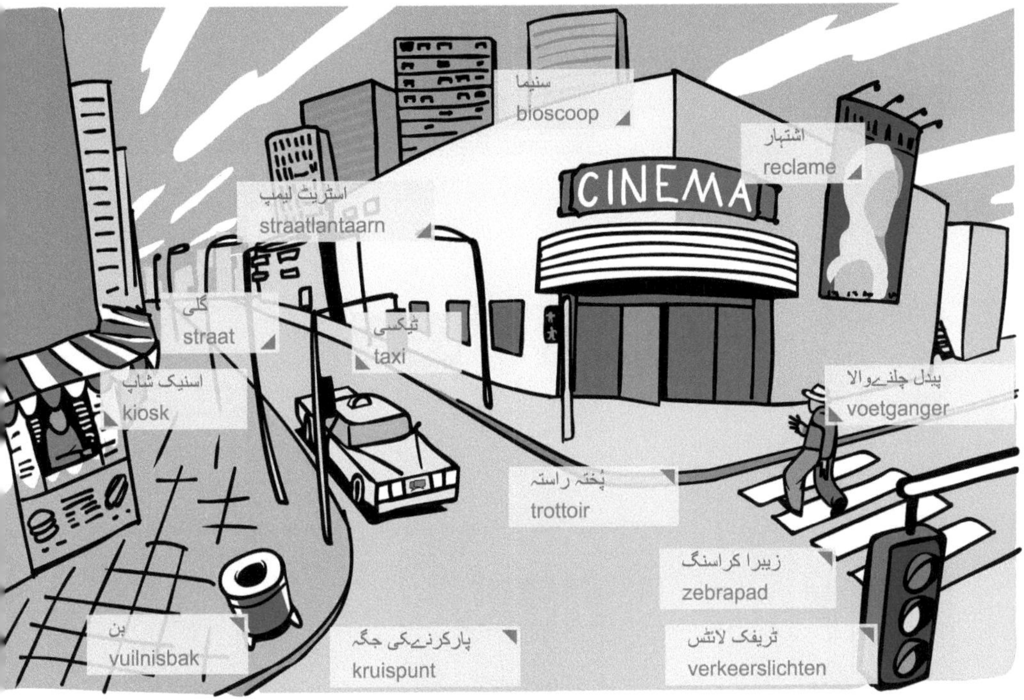
سنیما
bioscoop
اشتہار
reclame
CINEMA
اسٹریٹ لیمپ
straatlantaarn
گلی
straat
ٹیکسی
taxi
اسنیک شاپ
kiosk
پیدل چلنے والا
voetganger
پُختہ راستہ
trottoir
زیبرا کراسنگ
zebrapad
بن
vuilnisbak
پارکرنےکی جگہ
kruispunt
ٹریفک لائٹس
verkeerslichten

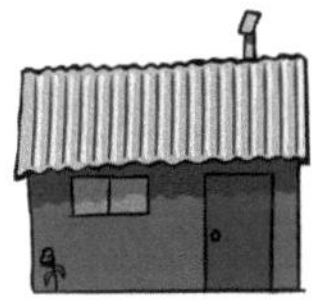

ہٹ

hut

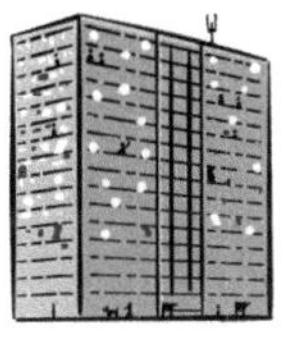

فلیٹ

woning

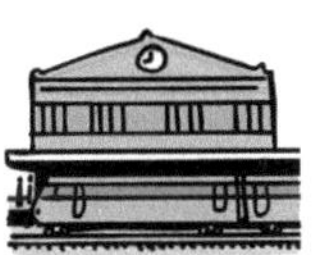

ٹرین اسٹیشن

station

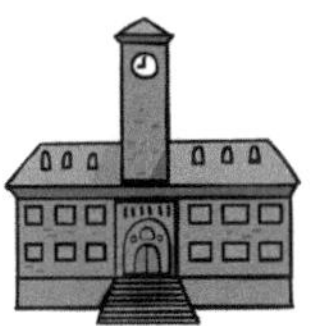

ٹاؤن ہال

stadshuis

MUSEUM

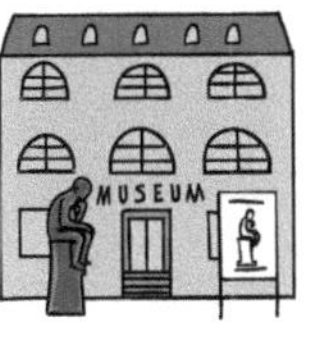

عجائب گھر

museum

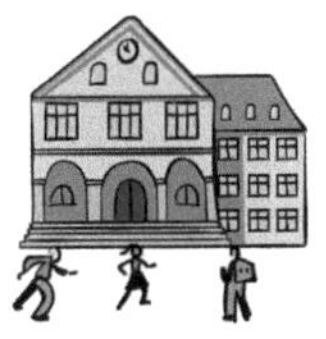

اسکول

school

یونیورسٹی

....

universiteit

بینک

....

bank

ہسپتال

....

ziekenhuis

ہوٹل

....

hotel

فارمیسی

....

apotheek

دفتر

....

kantoor

کتابوں کی دکان

....

boekwinkel

دکان

....

winkel

پھولوں کی دُکان

....

bloemenwinkel

سُپرمارکیٹ

....

supermarkt

مارکیٹ

....

markt

ڈیپارٹمنٹ سٹور

....

warenhuis

مچھلی کی دُکان

....

vishandelaar

شاپنگ سنٹر

....

winkelcentrum

بندرگاہ

....

haven

پارک

park

بنچ

bank

پُل

brug

سیڑھیاں

trap

انڈرگراؤنڈ

metro

سرُنگ

tunnel

بس اسٹاپ

bushalte

شراب خانہ

bar

ریسٹورنٹ

restaurant

پوسٹ باکس

brievenbus

اسٹریٹ سائن

straatnaambord

پارکنگ میٹر

parkeermeter

چڑیا گھر

zoo

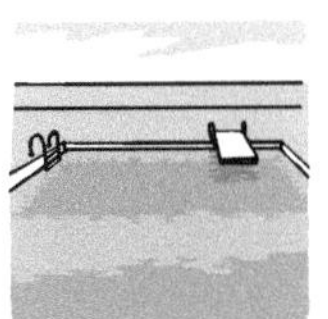

سوئمنگ پول

zwembad

مسجد

moskee

کھیت
boerderij

آلودگی
milieuverontreiniging

قبرستان
kerkhof

چرچ
kerk

کھیل کا میدان
speelplaats

مندر
tempel

منظر
landschap

پتہ
blad

رہنمائی کے لئے لگا ہوا بورڈ
wegwijzer

راستہ
weg

سبزہ زار
weide

پتھر
steen

پیدل چلنے والا، ہائکر
wandelaar

درخت
boom

دریا
rivier

گھاس
gras

پھول
bloem

وادی

....

vallei

پہاڑی

....

heuvel

جھیل

....

meer

جنگل

....

bos

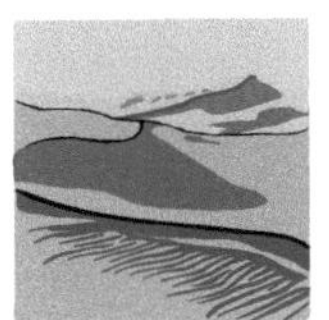

صحرا

....

woestijn

آتش فشاں

....

vulkaan

قلعہ

....

kasteel

قوس قزح

....

regenboog

کھمبی

....

paddenstoel

کجھورکا درخت

....

palmboom

مچھر

....

mug

مکھی

....

vlieg

چیونٹی

....

mier

مکھی

....

bijl

مکڑا

....

spin

بھونرا

....

kever

مینڈک

....

kikker

گلہری

....

eekhoorn

خارپُشت

....

egel

خرگوش

....

haas

اُلو

....

uil

پرندہ

....

vogel

راج ہنس

....

zwaan

سؤر

....

wild zwijn

ہرن

....

hert

امریکی بارہ سنگھا

....

eland

ڈیم

....

dam

ہوا سےچلنےوالی ٹربائین

....

windturbine

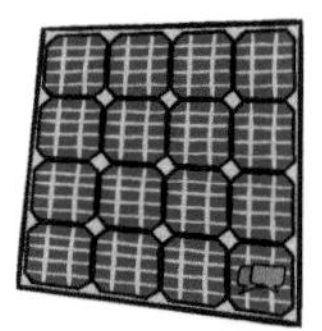

سولرپینل

....

zonnepaneel

آب وہوا

....

klimaat

ریسٹورنٹ

restaurant

ویٹر
ober

مینیو
menu

کرسی
stoel

سوپ
soep

پیزا
pizza

ٹیبل کلاتھ
tafelkleed

کٹلری
bestek

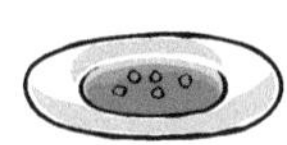

اسٹارٹر
....
voorgerecht

مین کورس
....
hoofdgerecht

ڈیزرٹ
....
nagerecht

مشروبات
....
drankjes

کھانے کی اشیاء
....
eten

بوتل
....
fles

فاسٹ فوڈ

fastfood

اسٹریٹ فوڈ

street food

چائےدانی

theepot

شوگرباکس

suikerpot

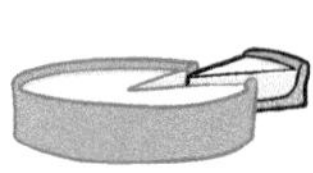

حصہ

portie

ایسپریسو مشین

espressomachine

اونچی کُرسی

kinderstoel

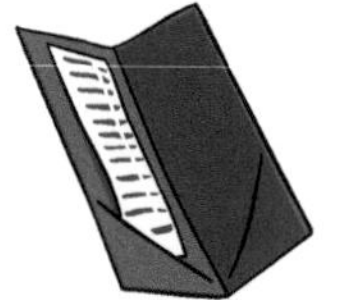

بل

rekening

ٹرے

dienblad

چھُری

mes

کانٹا

vork

چمچ

lepel

چائےکا چمچ

theelepel

سرویئیٹی

serviette

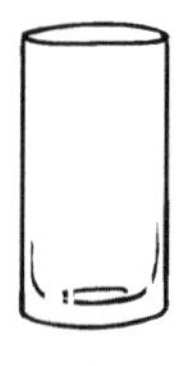

شیشہ

glas

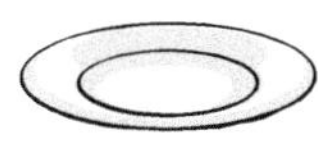

پلیٹ

....

bord

سوپ پلیٹ

....

soepbord

طشتری

....

schoteltje

چٹنی

....

saus

سالٹ شیکر

....

zoutvatje

پیپرمل

....

pepermolen

سرکہ

....

azijn

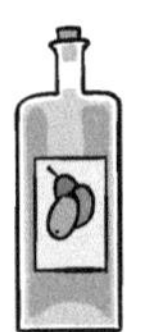

خوردنی تیل

....

olie

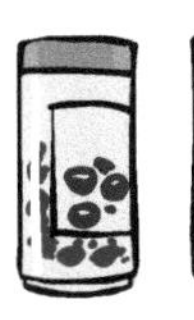

مصالحے

....

kruiden

کیچپ

....

ketchup

سرسوں

....

mosterd

میئونیز

....

mayonaise

سُپرمارکیٹ

supermarkt

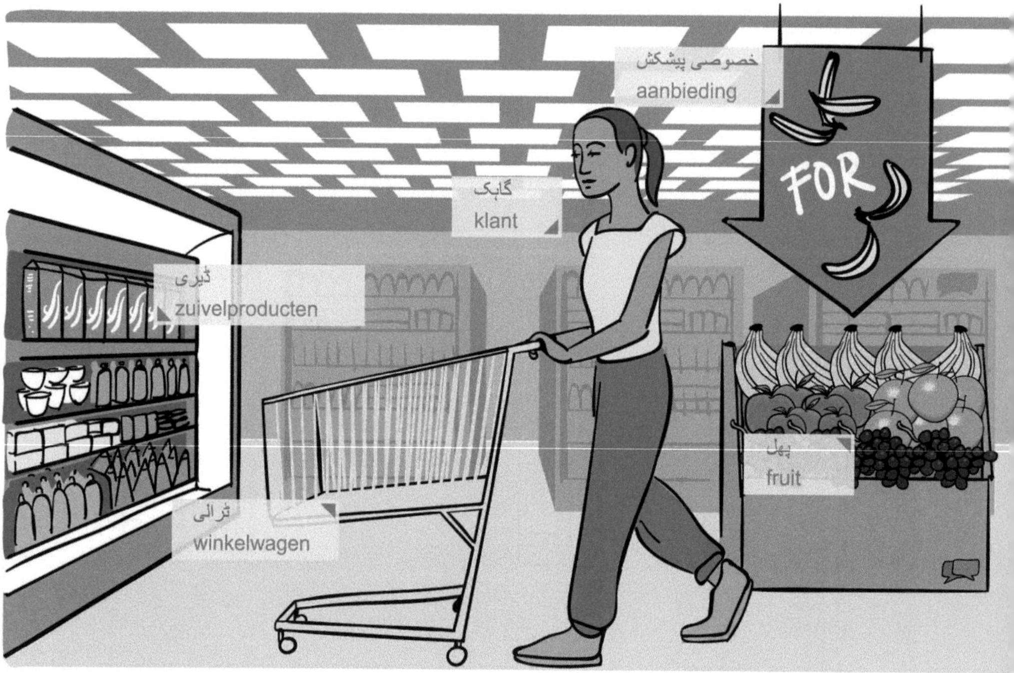

خصوصی پیشکش
aanbieding
FOR
گاہک
klant
ڈیری
zuivelproducten
پھل
fruit
ٹرالی
winkelwagen

BUTCHERS

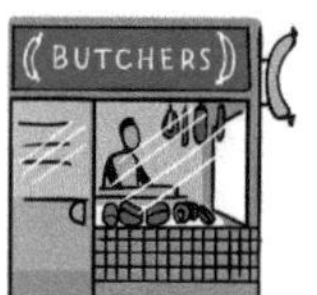

گوشت کی دُکان

slagerij

BAKERY

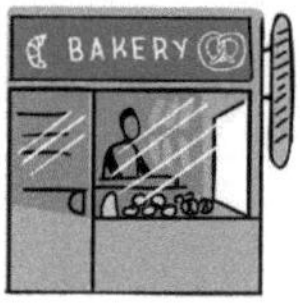

بیکری

bakkerij

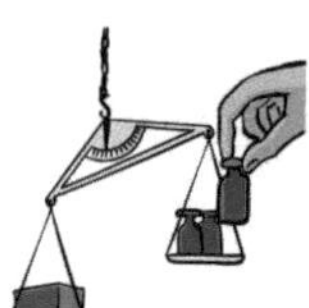

وزن کرنا

wegen

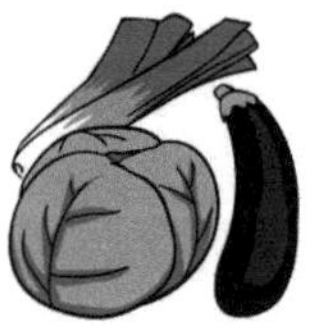

سبزیاں

groenten

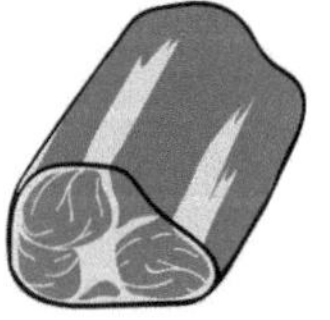

گوشت

vlees

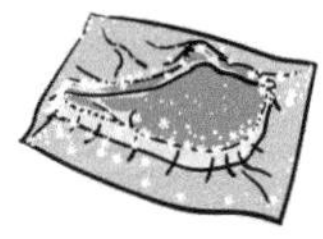

جما ہوا کھانا

diepvriesvoedsel

کولڈ کٹس

charcuterie

ڈبے میں بند کھانا

conserven

واشنگ پاؤڈر

waspoeder

مٹھائیاں

snoep

گھریلو مصنوعات

huishoudproducten

صاف کرنے کیلئے مصنوعات

schoonmaakproducten

سیلز پرسن

verkoopster

کیش رجسٹر

kassa

کیشئیر

kassier

خریداری کی فہرست

boodschappenlijstje

اوقات کار

openingstijden

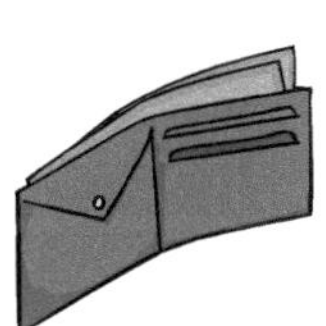

بٹوہ

portefeuille

کریڈٹ کارڈ

kredietkaart

تھیلا

tas

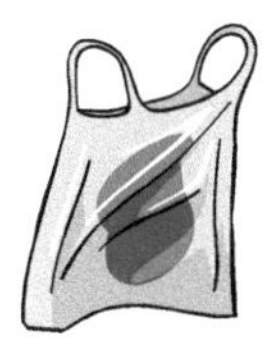

پلاسٹک کے تھیلے

plastieken zakje

مشروبات

drankjes

پانی

water

جوس، رس

sap

دودھ

melk

کوک

cola

وائن

wijn

بیئر

bier

الکوحل

alcohol

کوکو آ

cacao

چائے

thee

کافی

koffie

ایسپریسو

espresso

کیپاچینو

cappuccino

کھانےکی اشیاء

eten

کیلا

....

banaan

سیب

....

appel

مالٹا

....

sinaasappel

خربوزہ

....

meloen

لیموں

....

citroen

گاجر

....

wortel

لہسن

....

knoflook

بانس

....

bamboe

پیاز

....

ajuin

کھُمبی

....

champignon

اخروٹ، بادام وغیرہ

....

noten

نوڈلز

....

noodles

اسپیگیٹی
....
spaghetti

چاول
....
rijst

سلاد
....
salade

چپس
....
frieten

تلےگئےآلو
....
gebakken aardappelen

پیزا
....
pizza

ہیم برگر
....
hamburger

سینڈوچ
....
sandwich

کٹلیٹ
....
kalfslapje

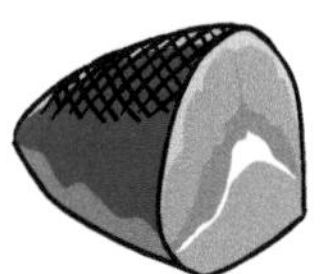

سؤرکی ران کا گوشت
....
ham

گوشت کی اطالوی ساسیج
....
salami

ساسیج
....
worst

مُرغی
....
kip

روسٹ
....
braden

مچھلی
....
vis

جئی کا دلیہ

havervlokken

میوزلی
....
muesli

کارن فلیکس
....
cornflakes

آٹا
....
bloem

کروئیسنٹ
....
croissant

بریڈ رول
....
pistolet

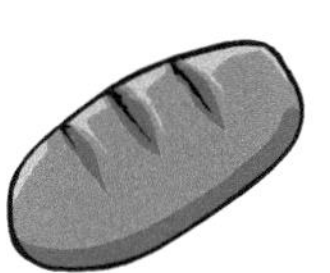

بریڈ
....
brood

ٹوسٹ
....
toast

بسکٹ
....
koekjes

مکھن
....
boter

دہی
....
kwark

کیک
....
taart

انڈا
....
ei

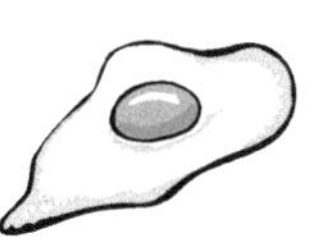

فرائی کیا گیا انڈہ
....
spiegelei

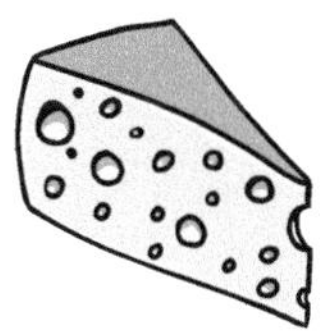

پنیر
....
kaas

آئس کریم

ijs

چینی

suiker

شہد

honing

جام

confituur

ناؤگٹ کریم

choco

سالن

curry

کھیت

boerderij

فارم ہاؤس
boerderij

کھلیان
schuur

تنکوں کی گانٹھ
strobaal

کھیت
veld

گھوڑا
paard

ٹریلر
aanhangwagen

ٹریکٹر
tractor

گھوڑے کا بچہ
veulen

گدھا
ezel

بھیڑ
schaap

میمنہ
lam

بکری

geit

گائے

koe

بچھڑا

kalf

سؤر

varken

سؤرکابچہ

biggetje

سانڈ

stier

راج ہنس

gans

بطخ

eend

چوزہ

kuiken

مُرغی

kip

مُرغا

haan

چوہا

rat

بلی

kat

چوہا

muis

بیلچہ

os

کُتا

hond

کُتے کا گھر

hondenhok

گارڈن ہاؤس

tuinslang

پانی کا کین

gieter

درانتی

zeis

ہل

ploeg

درانتی

sikkel

بیلچہ

schoffel

ترنگل

hooivork

کلہاڑا

bijl

ہتہ گاڑی

kruiwagen

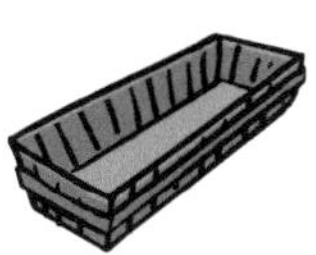

حوض

trog

دودھ کا کین

melkkan

تھیلا

zak

باڑ

hek

اصطبل

stal

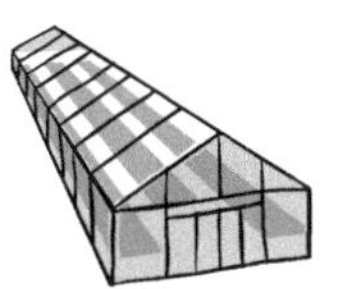

گرین ہاؤس

broeikas

مٹی

bodem

بیج

zaad

فرٹیلائیزر

mest

کمبائن ہارویسٹر

maaidorser

فصل کاٹنا

oogsten

فصل کاٹنا

oogst

افریقی آلو

yam

گندم

tarwe

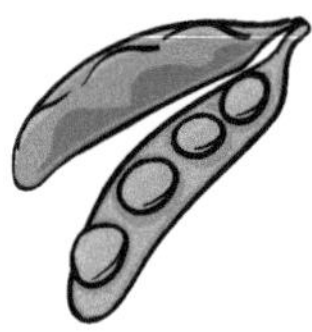

سویا

soja

آلو

aardappel

مکئی

maïs

توریا کا تیل

koolzaad

پھلداردرخت

fruitboom

کساوا

maniok

دلیہ

graan

مکان

huis

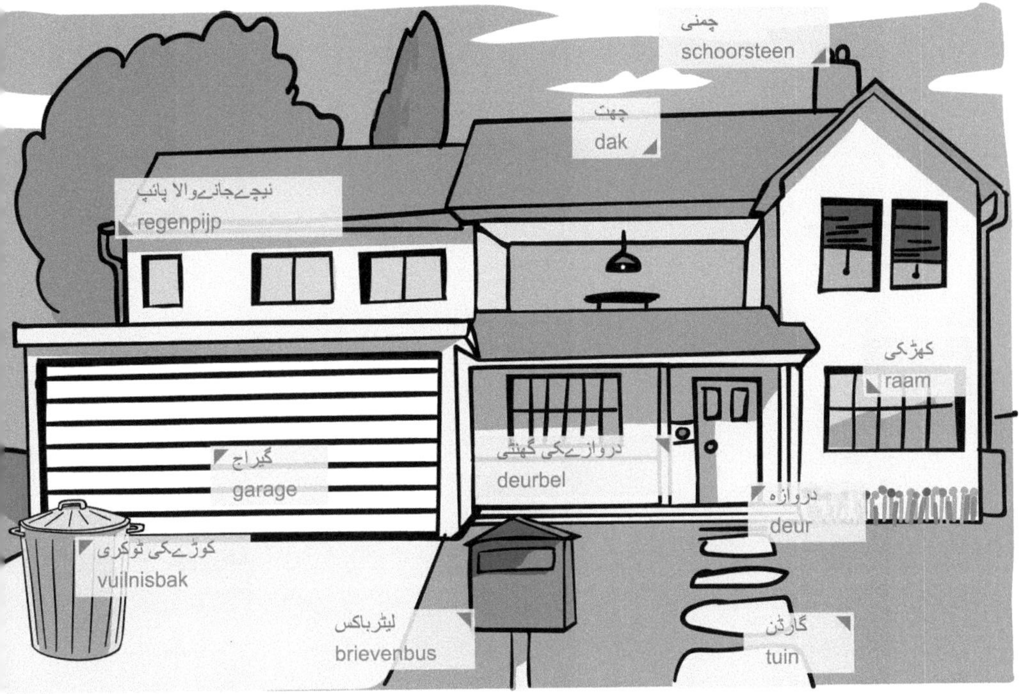

چمنی
schoorsteen

چھت
dak

نیچے جانے والا پائپ
regenpijp

کھڑکی
raam

گیراج
garage

دروازے کی گھنٹی
deurbel

دروازہ
deur

کوڑے کی ٹوکری
vuilnisbak

لیٹر باکس
brievenbus

گارڈن
tuin

لوونگ روم

woonkamer

غسل خانہ

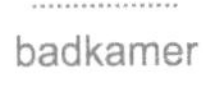

badkamer

باورچی خانہ

keuken

بیڈروم

slaapkamer

بچوں کا کمرہ

kinderkamer

کھانے کا کمرہ

eetkamer

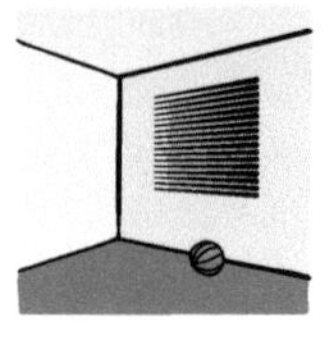

فرش
....
vloer

دیوار
....
muur

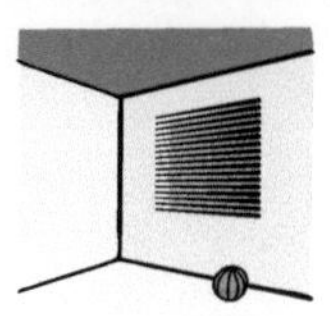

چھت
....
plafond

تہ خانہ
....
kelder

سوانا
....
sauna

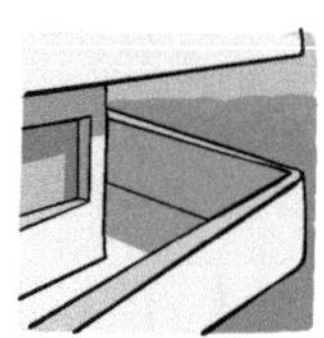

بالکونی
....
balkon

ٹیریس
....
terras

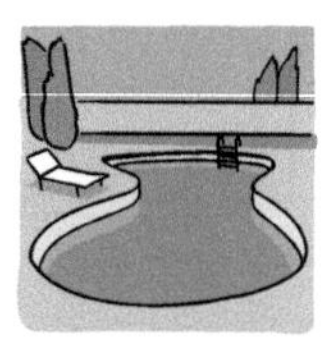

پول
....
zwembad

گھاس کاٹنے کی مشین
....
grasmaaier

چادر
....
dekbedovertrek

چادر
....
dekbed

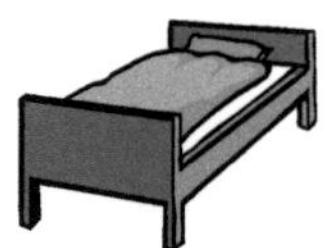

بستر
....
bed

جھاڑو
....
bezem

بالٹی
....
emmer

سوئچ
....
schakelaar

لوونگ روم
woonkamer

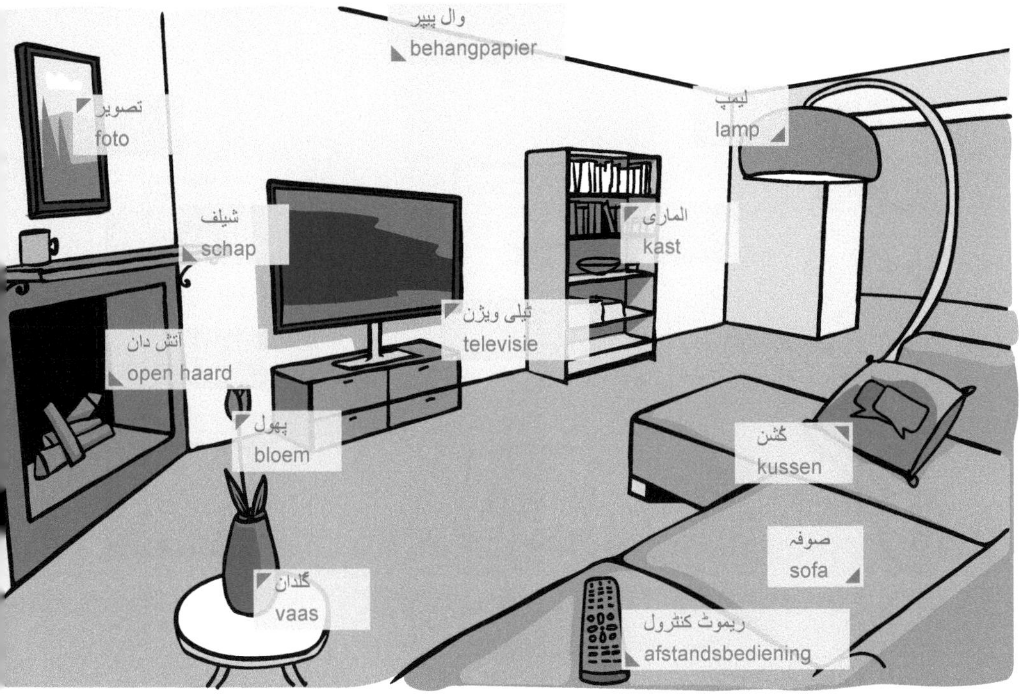

وال پیپر
behangpapier

تصویر
foto

لیمپ
lamp

شیلف
schap

الماری
kast

ٹیلی ویژن
televisie

آتش دان
open haard

پھول
bloem

کُشن
kussen

صوفہ
sofa

گلدان
vaas

ریموٹ کنٹرول
afstandsbediening

قالین

mat

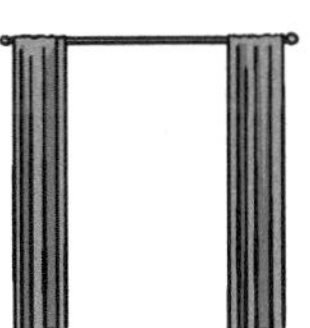

پردے

gordijn

میز

tafel

کُرسی

stoel

ہلنے والی کُرسی

schommelstoel

آرام کُرسی

fauteuil

کتاب

boek

کمبل

deken

آرائش

decoratie

جلانے کی لکڑی

brandhout

فلم

film

ہائی فائی

stereo-installatie

چابی

sleutel

اخبار

krant

پینٹنگ

schilderij

پوسٹر

poster

ریڈیو

radio

نوٹ بُک

notitieboekje

ویکیوم کلینر

stofzuiger

کیکٹس

cactus

موم بتی

kaars

باورچی خانہ
keuken

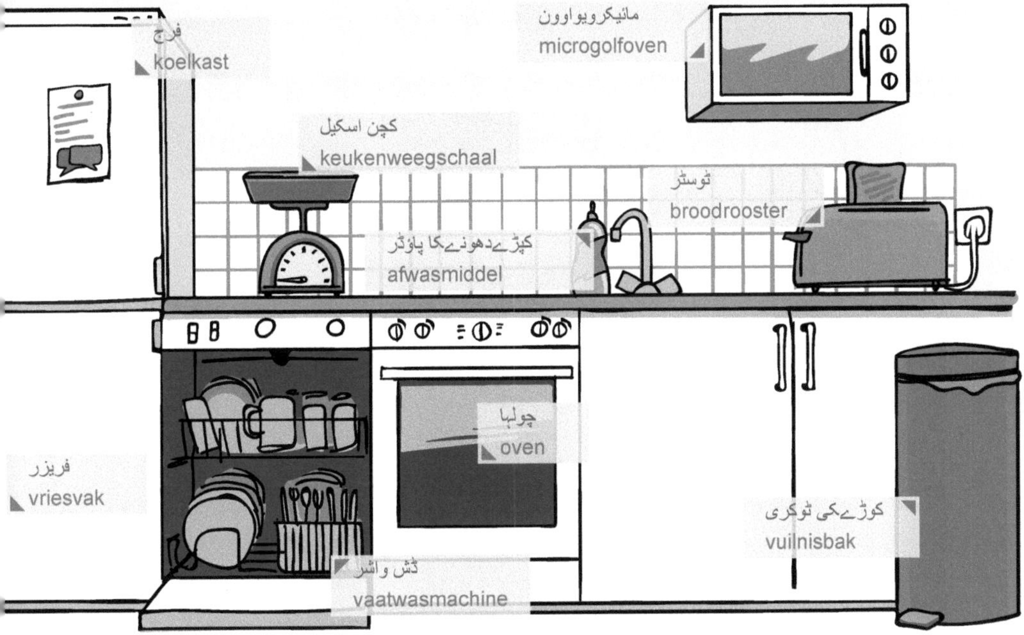

فرج
koelkast

مائیکرویواوون
microgolfoven

کچن اسکیل
keukenweegschaal

ٹوسٹر
broodrooster

کپڑے دھونے کا پاؤڈر
afwasmiddel

چولہا
oven

فریزر
vriesvak

کوڑے کی ٹوکری
vuilnisbak

ڈش واشر
vaatwasmachine

ککر
fornuis

برتن
pot

لوہے کا برتن
gietijzeren pot

کڑاہی
wok / kadai

برتن
pan

کیتلی
waterkoker

اسٹیمر

stoomkoker

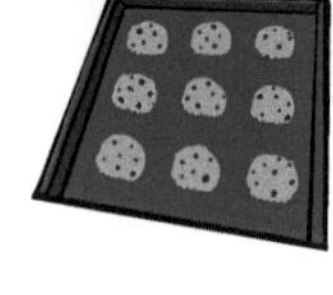

بیکنگ ٹرے

bakplaat

کراکری

servies

مگ

mok

پیالہ

kom

چاپ اسٹکس

eetstokjes

ڈوئی

pollepel

کفچہ

spatel

جھاڑودینا

garde

مقطر

vergiet

چھلنی

zeef

گریٹر

rasp

کونڈی

mortier

باربی کیو

barbecue

کھلی آگ

haardvuur

چاپنگ بورڈ
....
snijplank

بیلن
....
deegrol

کارک اسکریو
....
kurkentrekker

کین
....
blik

کین اوپنر
....
blikopener

برتن پکڑنےوالا کپڑا
....
pannenlap

سنک
....
gootsteen

برش
....
borstel

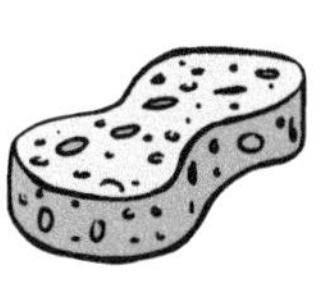

اسپونج
....
spons

بلینڈر
....
blender

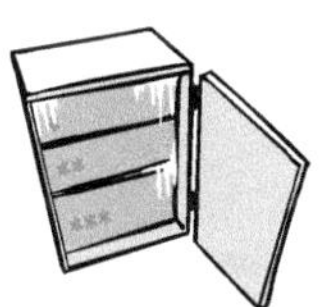

ڈیپ فریز
....
vriezer

بچےکی بوتل
....
papfles

ٹونٹی
....
kraan

غُسل خانہ

badkamer

ہیٹنگ
verwarming

شاور
douche

تولیہ
handdoek

شاورکرٹن
douchegordijn

ببل باتھ
bubbelbad

باتھ ٹب
badkuip

شیشہ
glas

واشنگ مشین
wasmachine

ٹونٹی
kraan

ٹائلیں
tegels

پاٹی
kinderpo

سنک
gootsteen

ٹائلٹ

toilet

دوزانوں بیٹھنےوالی ٹائلٹ

hurktoilet

نچلاحصہ دھونےکیلئےپاٹ

bidet

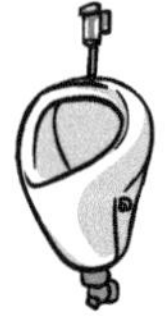

پیشاب گاہ

urinoir

ٹائلٹ پیپر

toiletpapier

ٹائلٹ برش

toiletborstel

ٹوتھ برش
....
tandenborstel

ٹوتھ پیسٹ
....
tandpasta

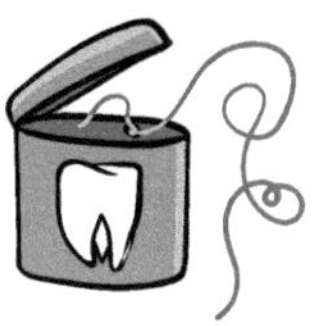

ڈینٹل فلاس
....
flosdraad

دھونا
....
wassen

ہینڈ شاور
....
handdouche

شاور
....
bidethanddouche

بیسن
....
waskom

بیک برش
....
rugborstel

صابن
....
zeep

شاورجل
....
douchegel

شیمپو
....
shampoo

فلالین
....
washandje

ڈرین
....
afvoer

کریم
....
crème

ڈیوڈورنٹ
....
deodorant

آئینہ

....

spiegel

ہاتھ میں پکڑا جانےوالا آئینہ

....

handspiegel

ریزر

....

scheermes

شیونگ فوم

....

scheerschuim

آفٹرشیو

....

aftershave

کنگھی

....

kam

برش

....

borstel

ہیئرڈرائر

....

haardroger

ہیئراسپرے

....

haarlak

میک اپ

....

make-up

لپ اسٹک

....

lippenstift

نیل وارنش

....

nagellak

روئی

....

watten

ناخن کاٹنےکی قینچی

....

nagelknipper

پرفیوم

....

parfum

واش بیگ

....

toilettas

پاخانہ

....

kruk

وزن کرنےکی مشین

....

weegschaal

باتھ روب

....

badjas

ربڑکےدستانے

....

latex handschoenen

ٹیمپون

....

tampon

سینیٹری ٹاول

....

maandverband

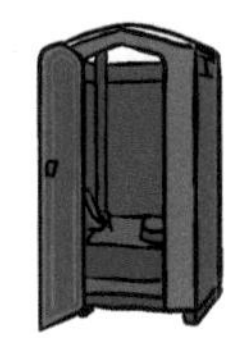

کیمیکل ٹائلٹ

....

chemisch toilet

بچوں کا کمرہ
kinderkamer

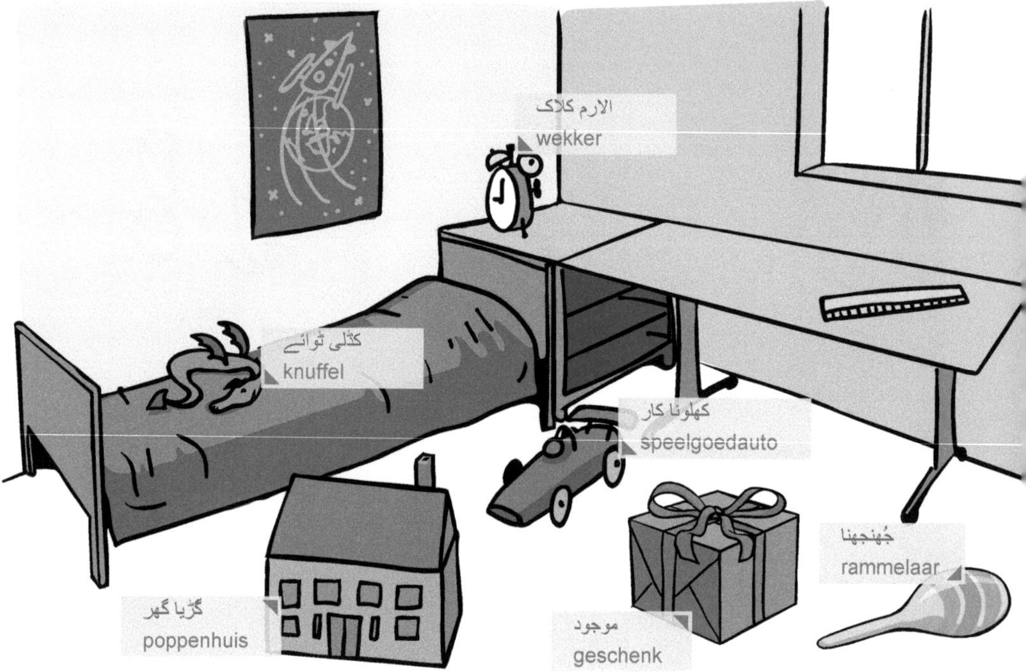

الارم کلاک
wekker
کڈلی ٹوائے
knuffel
کھلونا کار
speelgoedauto
جُھنجھنا
rammelaar
گڑیا گھر
poppenhuis
موجود
geschenk

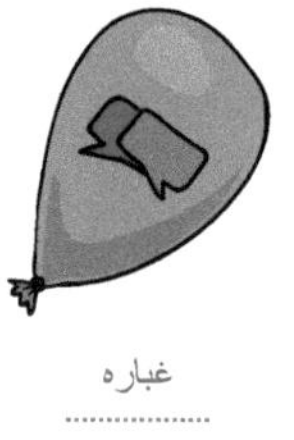

غبارہ

ballon

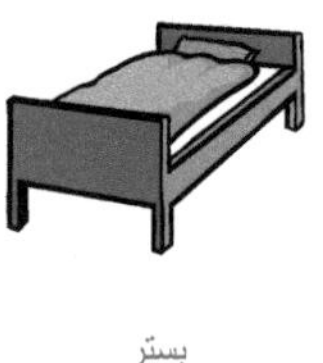

بستر

bed

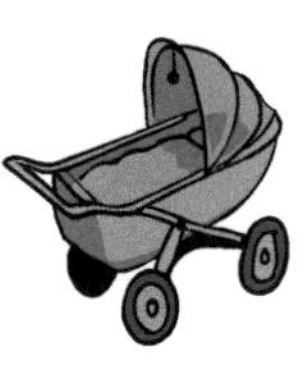

پرام

kinderwagen

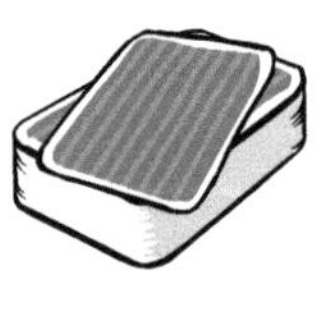

ڈیک آف کارڈز

spel kaarten

جگسا

puzzel

SUPER MEGA

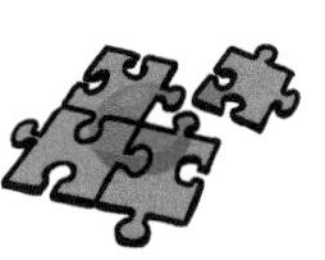

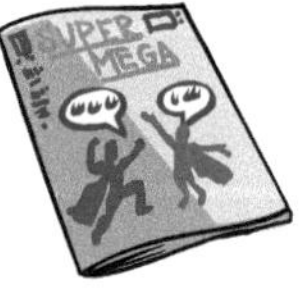

کامک

stripboek

لیگوبرکس

legoblokjes

کھلونا بلاکس

blokken

ایکشن فگر

actiefiguur

بچےکا لباس

kruippakje

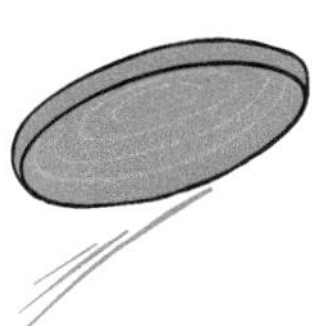

فرسبی

frisbee

کھلونا موبائل

mobiel

بورڈ گیم

bordspel

ڈائس

dobbelsteen

ماڈل ٹرین سیٹ

modelspoorweg

ڈمی

fopspeen

پارٹی

feest

تصاویروالی کتاب

prentenboek

گیند

bal

گڑیا

pop

کھیلنا

spelen

سینڈ پٹ

zandbak

جھولا جھولنا

schommel

کھلونے

speelgoed

وڈیوگیم کنسول

spelconsole

تین پہیوں والی سائیکل

driewieler

ٹیڈی بیئر

knuffelbeer

کپڑوں کی الماری

kleerkast

لباس

kleding

موزے

sokken

اسٹاکنگز

kousen

ٹائٹس

maillot

اسکارف
sjaal
چھتری
paraplu
ٹی شرٹ
T-shirt
بیلٹ
riem
بوٹ
laarzen
سلیپر
slippers
اسنیکرز
sneakers
سینڈل
sandalen
جوتے
schoenen
ربڑکےبوٹس
rubberlaarzen
زیرجامہ
onderbroek
بریزئیر
beha
واسکٹ
onderhemd

جسم

lichaam

پتلون

broek

جینز

jeans

اسکرٹ

rok

بلاؤز

blouse

قمیض

hemd

پُل اوور

trui

سویٹر

capuchontrui

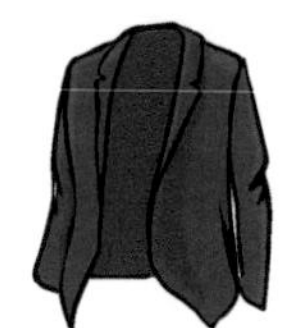

بلیزر

blazer

جیکٹ

jas

کوٹ

jas

رین کوٹ

regenjas

کوئی خاص لباس

kostuum

لباس

jurk

شادی کا لباس

trouwjurk

سوٹ

pak

نائٹ گاؤن

nachthemd

پائجامہ

pyjama

ساڑھی

sari

سرپرلیا جانےوالا اسکارف

hoofddoek

پگڑی

tulband

بُرقع

boerka

کفتان

kaftan

عبایہ

abaya

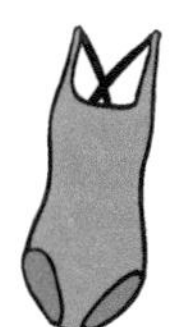

تیراکی کا سوٹ

badpak

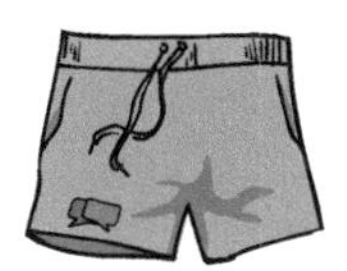

ٹرنک

zwembroek

نیکر

short

ٹریک سوٹ

trainingspak

اپرن

schort

دستانے

handschoenen

بٹن

knoop

عینک

bril

کنگن

armband

ہار

ketting

انگوٹھی

ring

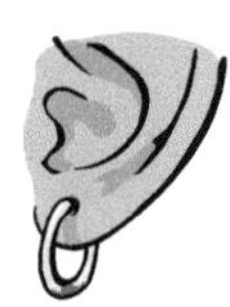

کانوں کی بالیاں

oorbel

ٹوپی

pet

کوٹ ہینگر

kapstok

ہیٹ

hoed

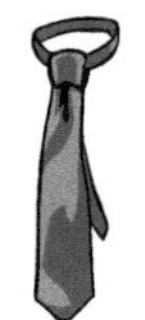

ٹائی

das

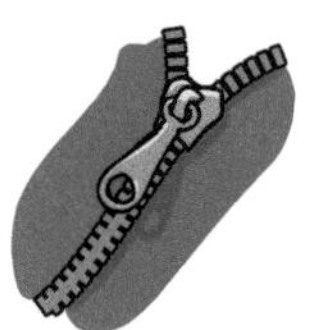

زپ

rits

ہیلمٹ

helm

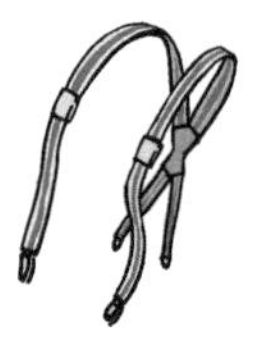

بریسز

bretellen

سکول یونیفارم

schooluniform

وردی

uniform

بب

slabbetje

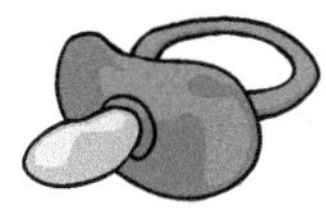

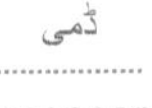

ڈمی

fopspeen

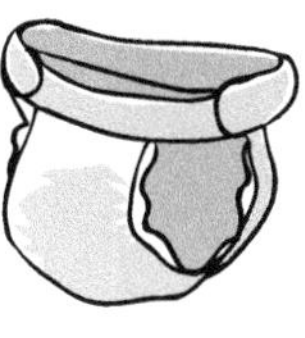

نیپی

luier

دفتر

kantoor

سرور
server

فائلوں کی الماری
dossierkast

پرنٹر
printer

کاغذ
papier

مانیٹر
monitor

ماؤس
muis

میز
bureau

فولڈر
map

کی بورڈ
toestenbord

ویسٹ پیپرباسکٹ
papiermand

کمپیوٹر
computer

کُرسی
stoel

کافی مگ

koffiemok

کیلکولیٹر

rekenmachine

انٹرنیٹ

internet

لیپ ٹاپ

laptop

خط

brief

پیغام

bericht

موبائل

gsm

نیٹ ورک

netwerk

فوٹوکاپئیر

kopieerapparaat

سافٹ وئیر

software

ٹیلی فون

telefoon

پلگ ساکٹ

stopcontact

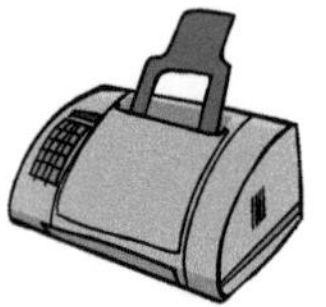

فیکس مشین

fax

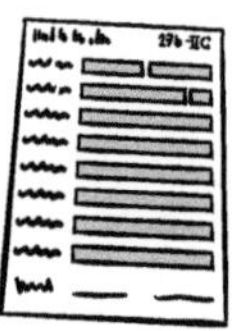

فارم

formulier

دستاویز

document

معیشت

economie

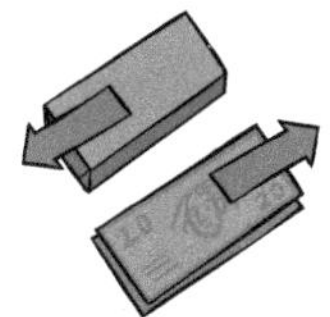

خریدنا

kopen

ادائیگی کرنا

betalen

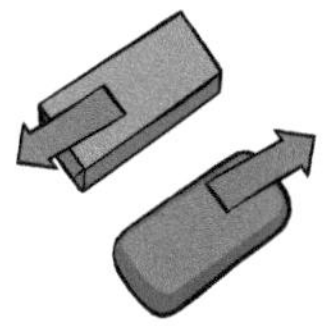

تجارت کرنا

handelen

رقم

geld

ڈالر

dollar

یورو

euro

ین

yen

روبل

roebel

سوئس فرانک

Zwitserse frank

رینمنبیی یوآن

Chinese renminbi

روپیہ

roepie

کیش پوائنٹ

geldautomaat

رقم تبدیل کرانےکیلئےدفتر
....
wisselkantoor

سونا
....
goud

چاندی
....
zilver

خام تیل
....
olie

توانائی
....
energie

قیمت
....
prijs

معاہدہ
....
contract

ٹیکس
....
belasting

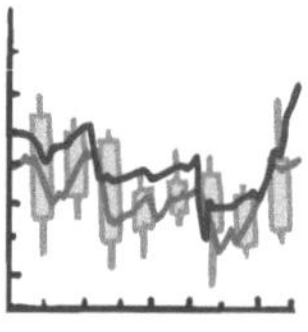

اسٹاک
....
aandeel

کام کرنا
....
werken

ملازم
....
werknemer

آجر
....
werkgever

فیکٹری
....
fabriek

دکان
....
winkel

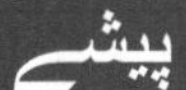

پیشے
beroepen

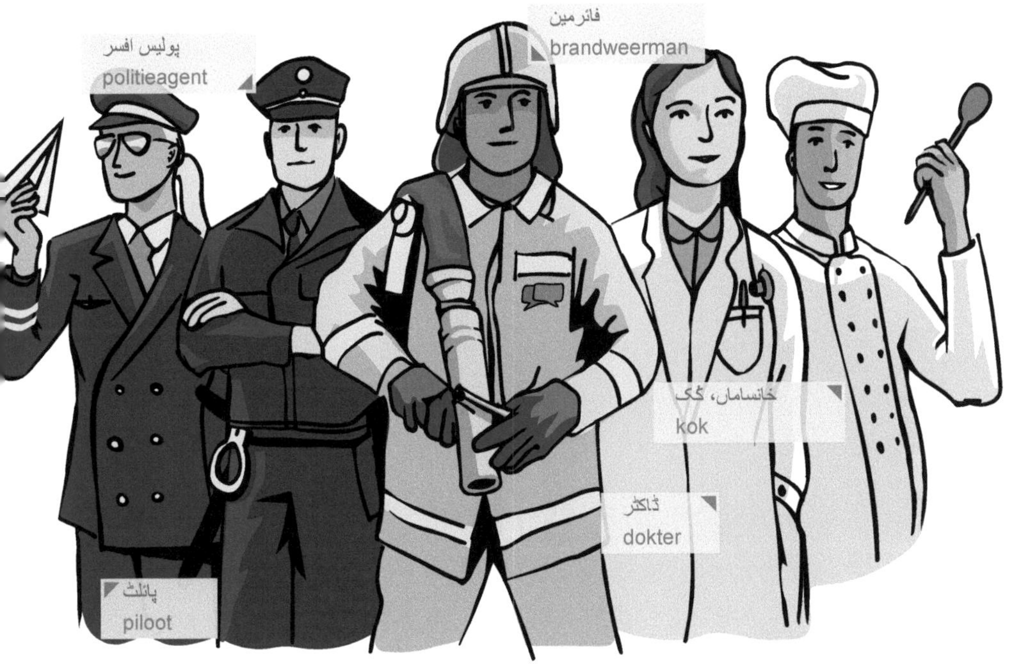

پولیس افسر
politieagent
فائرمین
brandweerman
خانساماں، کُک
kok
ڈاکٹر
dokter
پائلٹ
piloot

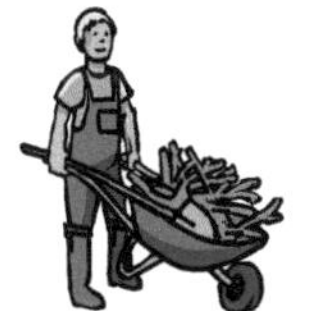

مالی
tuinman

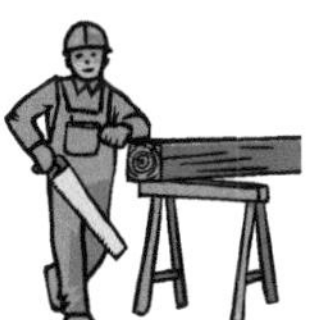

ترکھان
timmerman

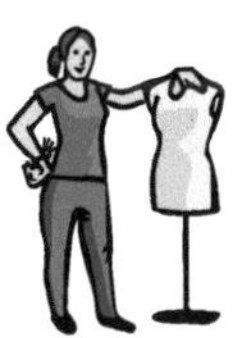

درزن
naaister

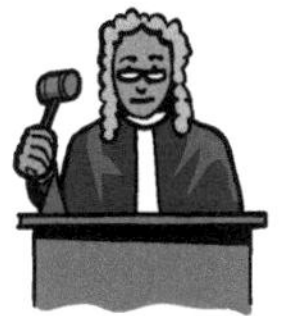

جج
rechter

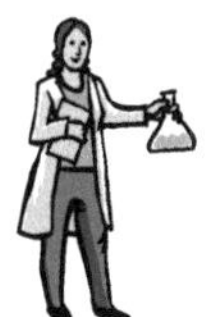

کیمسٹ
chemicus

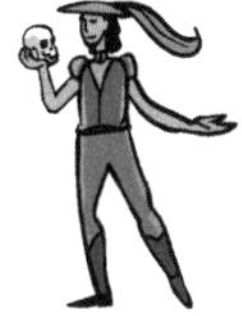

اداکار
acteur

بس ڈرائیور

....

buschauffeur

ٹیکسی ڈرائیور

....

taxichauffeur

مچھیرا

....

visser

صفائی کرنےوالی عورت

....

schoonmaakster

چھت بنانےوالا

....

dakdekker

ویٹر

....

ober

شکاری

....

jager

پینٹر

....

schilder

بیکر

....

bakker

الیکٹریشین

....

elektricien

بلڈر

....

bouwvakker

انجینئیر

....

ingenieur

قصائی

....

slager

پلمبر

....

loodgieter

ڈاکیا

....

postbode

سپاہی

....

soldaat

آرکیٹیکٹ

....

architect

کیشئیر

....

kassier

پھول بیچنے والا

....

bloemist

نائی

....

kapper

کنڈکٹر

....

conducteur

مکینک

....

mecanicien

کپتان

....

kapitein

ڈینٹسٹ

....

tandarts

سائنسدان

....

wetenschapper

یہودی عالم

....

rabbijn

امام

....

imam

راہب

....

monnik

پادری

....

geestelijke

اوزار
werktuigen

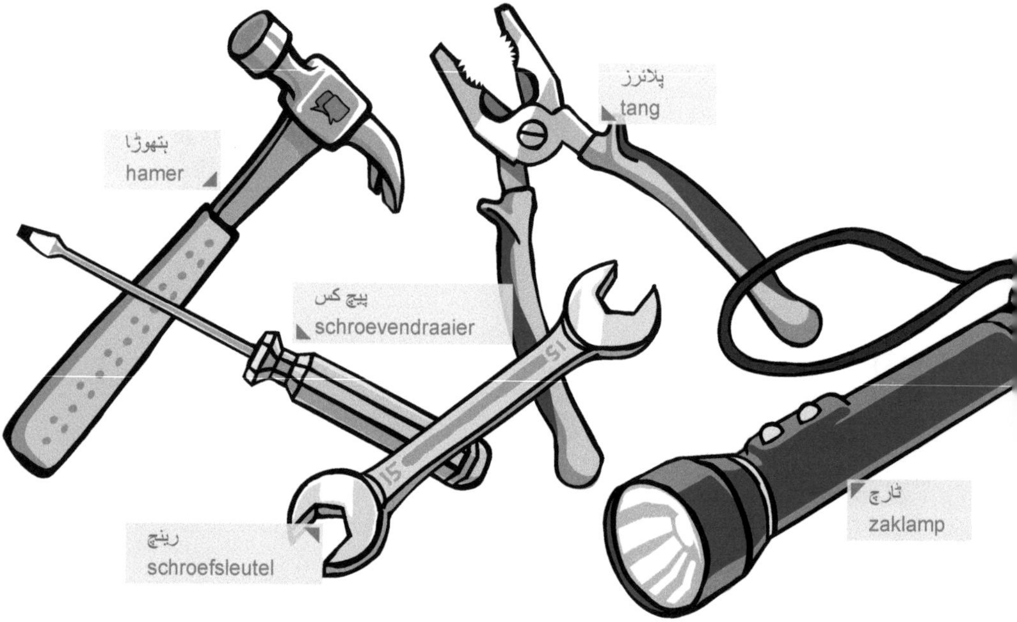

بتھوڑا
hamer

پلائرز
tang

پیچ کس
schroevendraaier

رینچ
schroefsleutel

ٹارچ
zaklamp

ایکسکویٹر

graafmachine

ٹول باکس

gereedschapskoffer

سیڑھی

ladder

آری

zaag

کیل

spijkers

ڈرل

boormachine

مرمت کرنا

repareren

بیلچہ

schop

لعنت ہو!

Verdomme!

ڈسٹ پین

blik

پینٹ پاٹ

verfpot

پیچ

schroeven

آلات موسیقی

muziekinstrumenten

لاؤڈ اسپیکر
luidspreker

ڈرم سیٹ
drumstel

گٹار
gitaar

ڈبل باس
contrabas

بگل
trompet

پیانو

....

piano

وائلن

....

viool

موسیقی کی آواز

....

basgitaar

ٹمپانی

....

pauk

ڈھول، ڈرمز

....

trommels

کی بورڈ

....

keyboard

سیکسوفون

....

saxofoon

بانسری

....

fluit

مائیکروفون

....

microfoon

چڑیا گھر

ZOO

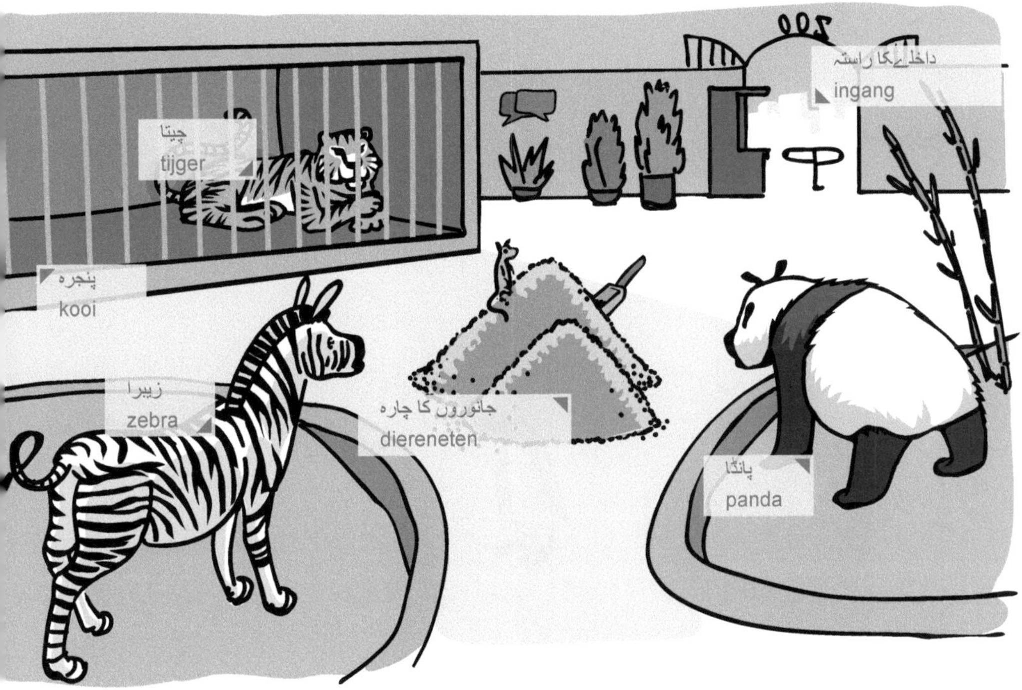

داخلے کا راستہ
ingang
چیتا
tijger
پنجرہ
kooi
زیبرا
zebra
جانوروں کا چارہ
diereneten
پانڈا
panda

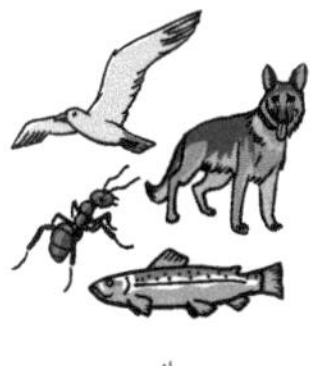

جانور

dieren

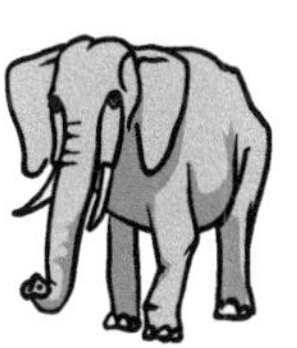

ہاتھی

olifant

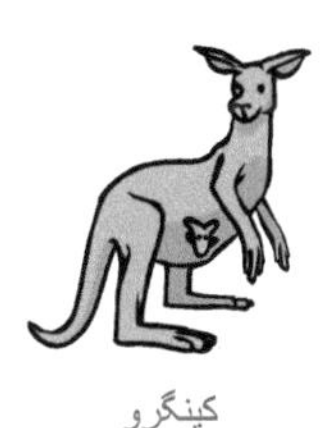

کینگرو

kangoeroe

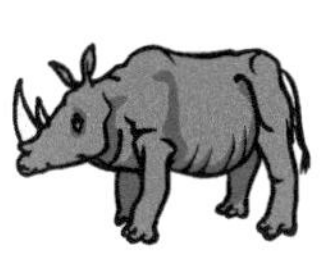

گینڈا

neushoorn

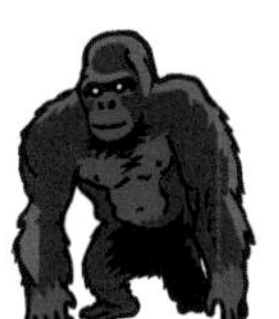

گوریلا

gorilla

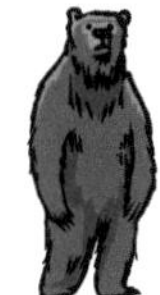

ریچھ

beer

اونٹ

kameel

شُترمُرغ

struisvogel

شیر

leeuw

بندر

aap

فلیمنگو

flamingo

طوطا

papegaai

قطبی ریچھ

ijsbeer

کبوتر

pinguïn

شارک

haai

مور

pauw

سانپ

slang

مگرمچھ

krokodil

چڑیا گھر کا محافظ

dierenverzorger

سیل

zeehond

امریکی تیندوا

jaguar

ٹٹو

....

pony

چیتا

....

luipaard

دریائی گھوڑا

....

nijlpaard

زرافہ

....

giraffe

عقاب

....

adelaar

سؤر

....

wild zwijn

مچھلی

....

vis

کچھوا

....

zeeschildpad

سمندری گھوڑا

....

walrus

لومڑی

....

vos

غزال ہرن

....

gazelle

کھیلیں

sporten

سرگرمیاں

activiteiten

لکھنا
schrijven

تصویرکشی کرنا
tekenen

دکھانا
tonen

آگے کی طرف دھکیلنا
duwen

دینا
geven

لینا
nemen

رکھنا

hebben

کرنا

doen

ہونا

zijn

کھڑا ہونا

staan

دوڑنا

lopen

کھینچنا

trekken

پھینکنا

gooien

گرنا

vallen

جھوٹ بولنا

liggen

انتظار کرنا

wachten

اٹھانا

dragen

بیٹھنا

zitten

ملبوس ہونا

aankleden

سونا

slapen

جاگنا

ontwaken

دیکھنا
....
kijken naar

رونا
....
wenen

چوٹ لگانا
....
aaien

کنگھی کرنا
....
kammen

بات کرنا
....
praten

سمجھنا
....
begrijpen

پوچھنا
....
vragen

مُتوجہ ہونا
....
luisteren

پینا
....
drinken

کھانا
....
eten

صاف کرنا
....
opruimen

پیار کرنا
....
houden van

پکانا
....
koken

گاڑی چلانا
....
rijden

اُڑنا
....
vliegen

بحری سفر کرنا

zeilen

شمار کریں

rekenen

پڑھنا

Lezen

سیکھنا

leren

کام کرنا

werken

شادی کرنا

trouwen

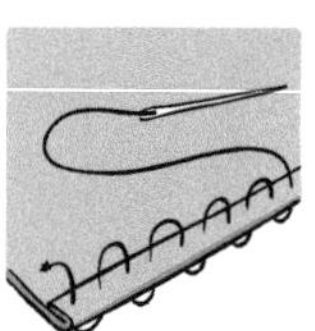

سینا

naaien

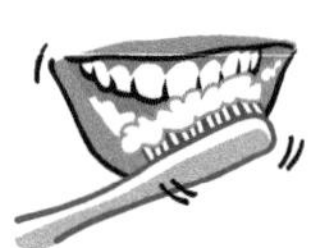

دانت صاف کرنا

tandenpoetsen

جان سے مار دینا

doden

تمباکونوشی کرنا

roken

بھیجنا

sturen

خاندان

familie

دادی
grootmoeder

دادا
grootvader

باپ
vader

ماں
moeder

طفل
baby

بیٹی
dochter

بیٹا
zoon

مہمان
gast

چچی
tante

چچا
oom

بھائی
broer

بہن
zus

جسم
lichaam

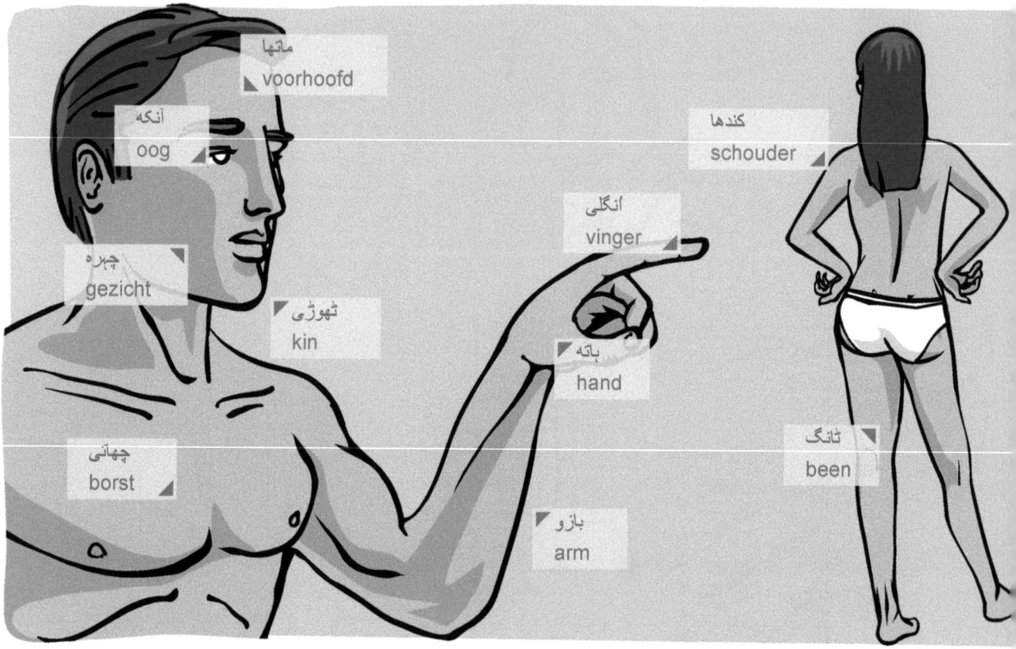

ماتھا
voorhoofd

آنکھ
oog

کندھا
schouder

انگلی
vinger

چہرہ
gezicht

ٹھوڑی
kin

ہاتھ
hand

ٹانگ
been

چھاتی
borst

بازو
arm

طفل

baby

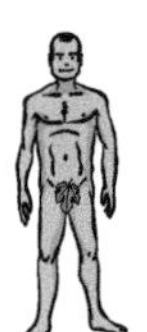

آدمی

man

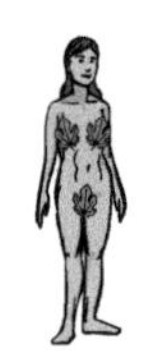

عورت

vrouw

لڑکی

meisje

لڑکا

jongen

سر

hoofd

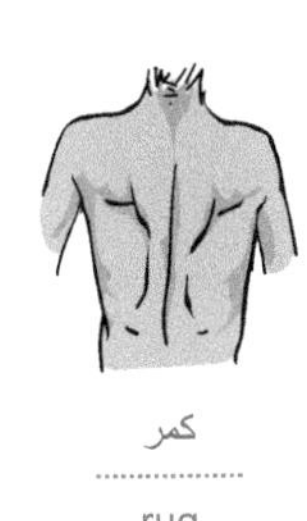

کمر
....
rug

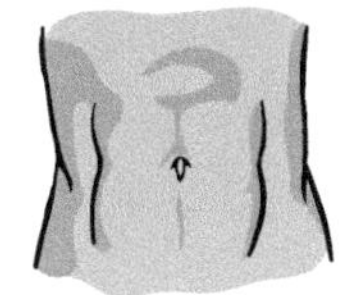

پیٹ
....
buik

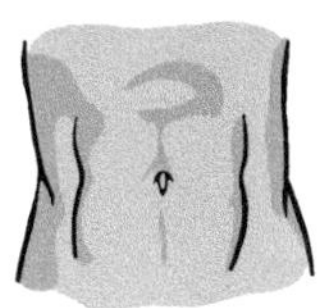

ناف
....
navel

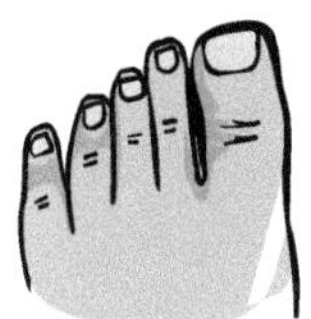

پاؤں کا انگوٹھا
....
teen

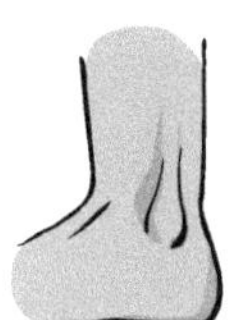

ایڑھی
....
hiel

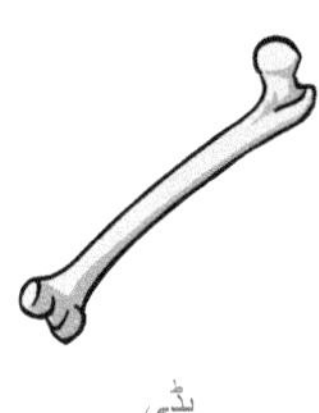

ہڈی
....
bot

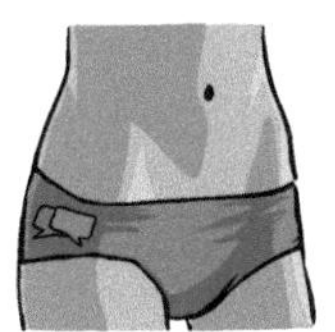

کولہا
....
heup

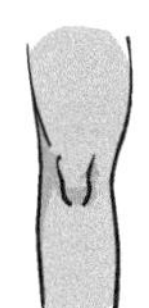

گھٹنا
....
knie

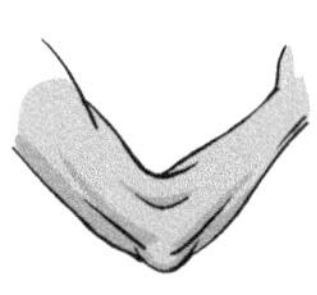

کہنی
....
elleboog

ناک
....
neus

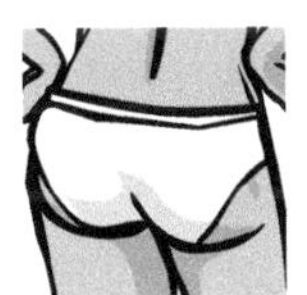

نچلا حصہ
....
zitvlak

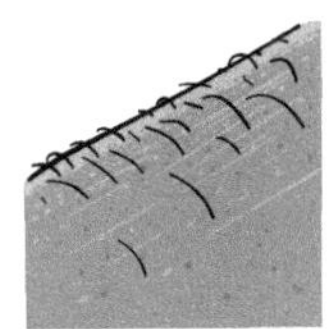

جلد
....
huid

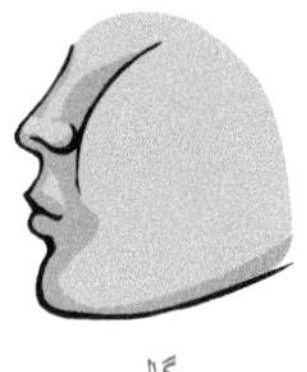

گال
....
wang

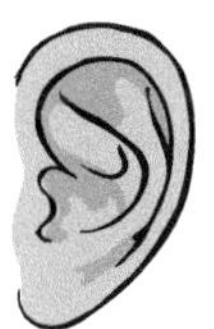

کان
....
oor

ہونٹ
....
lip

مُنہ

mond

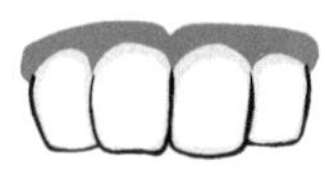

دانت

tand

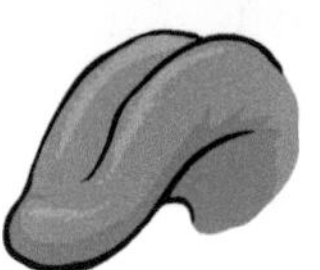

زُبان

tong

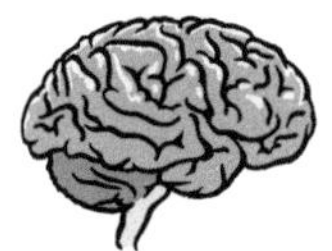

دماغ

hersenen

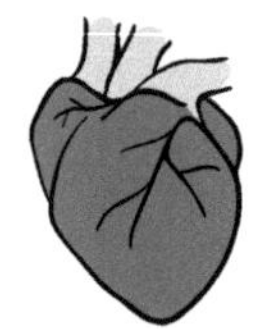

دل

hart

پٹھہ

spier

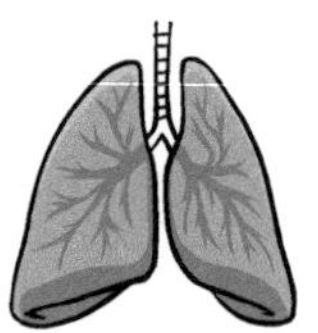

پھیپھڑا

long

جگر

lever

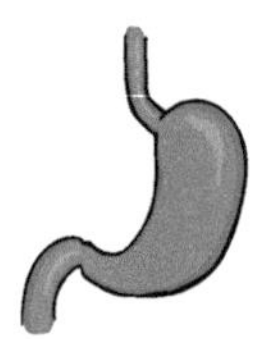

معدہ

maag

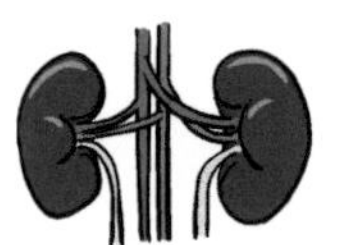

گردے

nieren

جنس

seks

کنڈوم

condoom

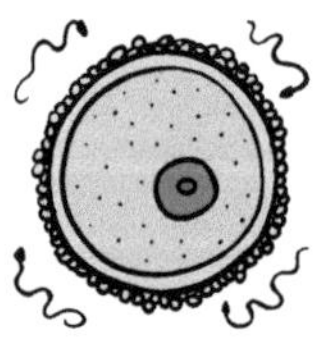

بیضہ

eicel

مادہ منویہ

sperma

حمل

zwangerschap

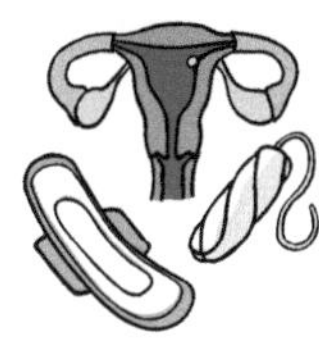

حیض

....

menstruatie

اندام نهانی

....

vagina

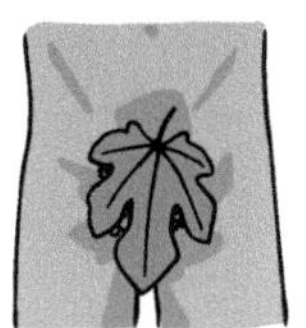

عضو تناسل

....

penis

بهنویں

....

wenkbrauw

بال

....

haar

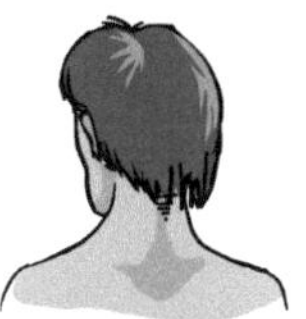

گردن

....

nek

ہسپتال
ziekenhuis

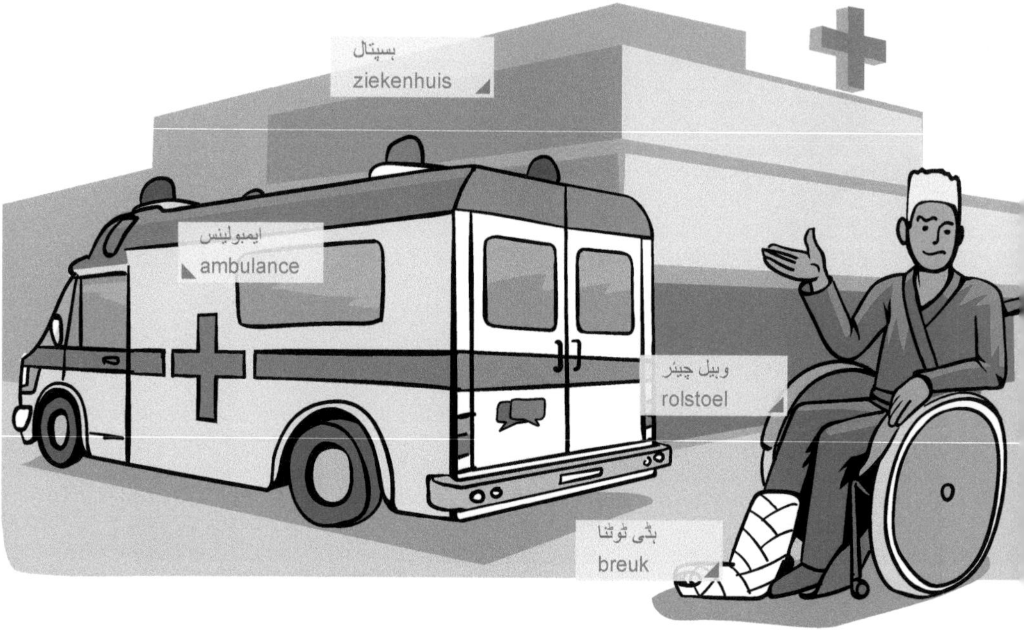

ہسپتال
ziekenhuis

ایمبولینس
ambulance

وہیل چیئر
rolstoel

ہڈی ٹوٹنا
breuk

ڈاکٹر

dokter

ہنگامی کمرہ

spoed

نرس

verpleegkundige

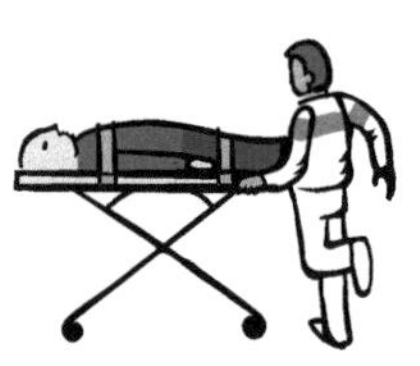

ہنگامی صورتحال

noodgeval

بےہوش

bewusteloos

درد

pijn

زخم
....
verwonding

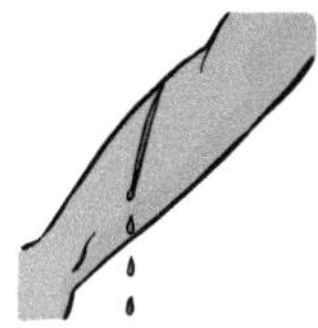

خون بہنا
....
bloeding

دل کا دورہ
....
hartaanval

فالج
....
beroerte

الرجی
....
allergie

کھانسی
....
hoest

بخار
....
koorts

زکام
....
griep

اسہال
....
diarree

سردرد
....
hoofdpijn

کینسر
....
kanker

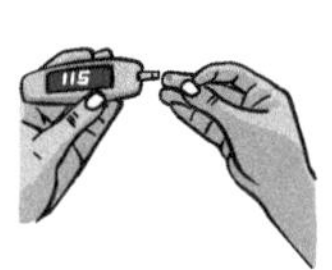

ذیابیطس
....
diabetes

سرجن
....
chirurg

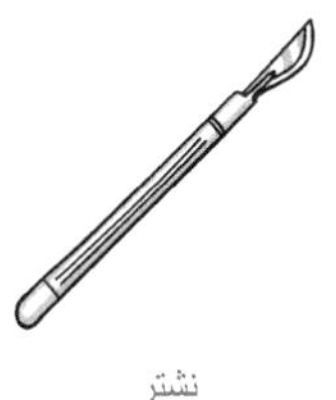

نشتر
....
scalpel

آپریشن
....
operatie

سی ٹی

CT

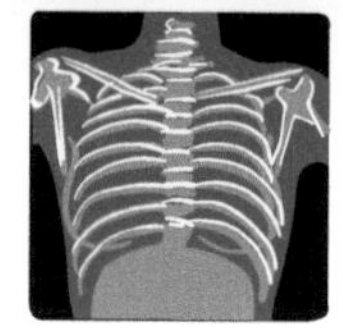

ایکس رے

röntgenstraal

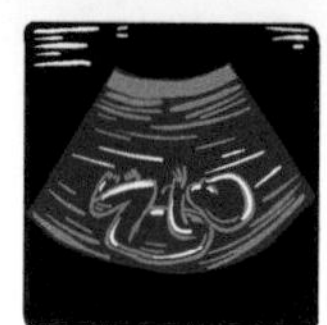

الٹراساؤنڈ

ultrageluid

چہرے کا نقاب

gezichtsmasker

بیماری

ziekte

انتظارگاہ

wachtkamer

بیساکھی

kruk

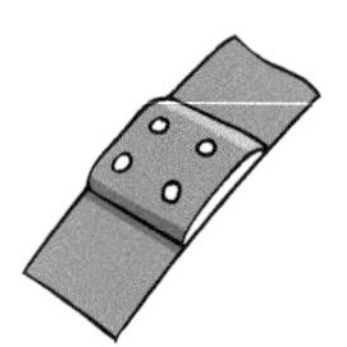

پلاسٹر

pleister

پٹی

verband

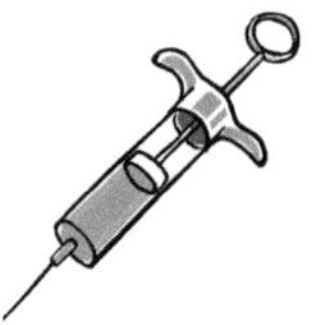

انجکشن

injectie

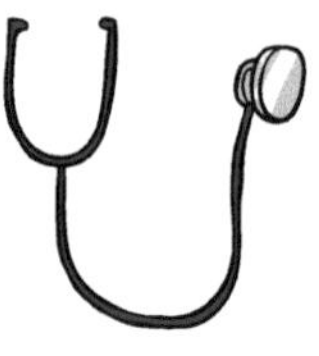

اسٹیتھواسکوپ

stethoscoop

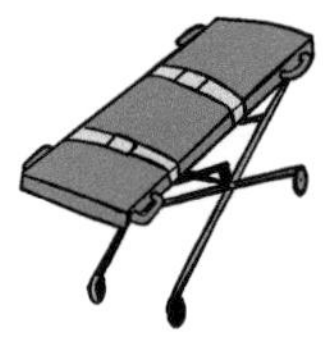

اسٹریچر

brancard

مطبی تھرما میٹر

thermometer

پیدائش

geboorte

حد سےزیادہ وزن

overgewicht

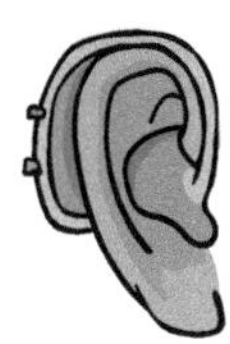

آلہ سماعت

hoorapparaat

جراثیم کش

ontsmettingsmiddel

انفیکشن

infectie

وائرس

virus

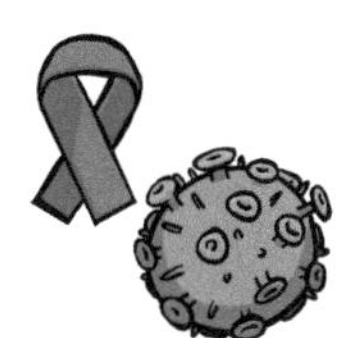

ایچ آئی وی/ ایڈز

HIV / AIDS

دوا

medicijn

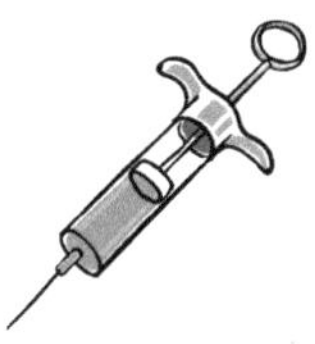

ویکسی نیشن

vaccinatie

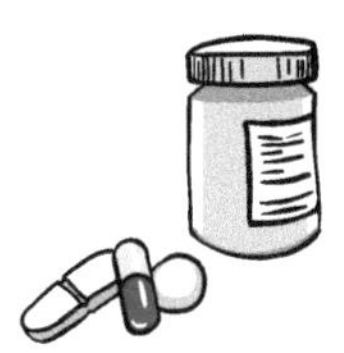

گولیاں

tabletten

گولی

pil

ہنگامی کال

noodoproep

بلڈ پریشر مانیٹر

bloeddrukmeter

بیمار / صحتمند

ziek / gezond

ہنگامی صورتحال

noodgeval

مدد!

Help!

الارم

alarm

مُجرمانہ حملہ

overval

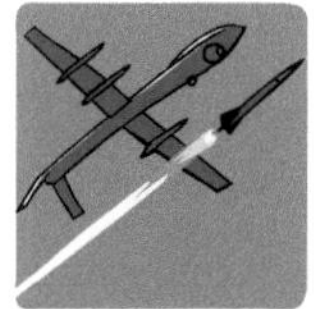

حملہ

aanval

خطرہ

gevaar

ہنگامی راستہ

nooduitgang

آگ!

Brand!

آگ بُجھانے والہ آلہ

brandblusser

حادثہ

ongeval

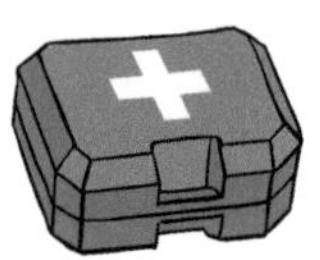

ابتدائی طبی امداد کی کٹ

EHBO-kit

ایس او ایس

SOS

پولیس

politie

یورپ

....

Europa

شمالی امریکہ

....

Noord-Amerika

جنوبی امریکہ

....

Zuid-Amerika

افریقہ

....

Afrika

ایشیا

....

Azië

آسٹریلیا

....

Australië

بحراوقیانوس

....

Atlantische Oceaan

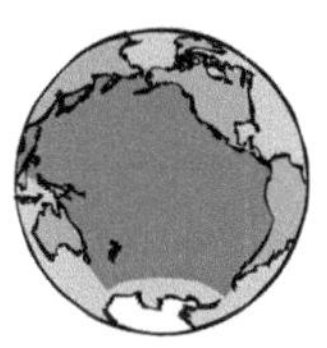

بحرالکاہل

....

Stille Oceaan

بحرہند

....

Indische Oceaan

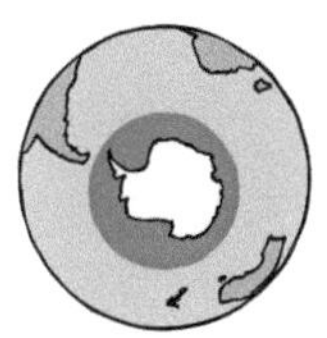

بحرقُطب جنوبی

....

Antarctische Oceaan

بحرقُطب شمالی

....

Arctische Oceaan

قُطب شمالی

....

Noordpool

قُطب جنوبی

....

Zuidpool

انٹارکٹیکا

....

Antarctica

زمین

....

aarde

زمین

....

land

سمندر

....

zee

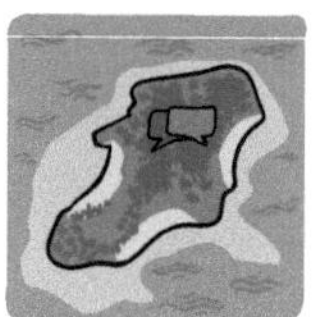

جزیرہ

....

eiland

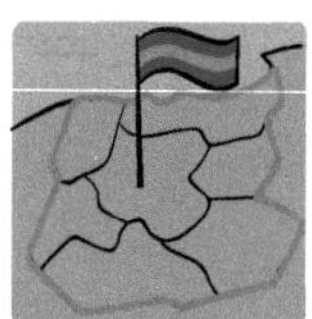

قوم

....

natie

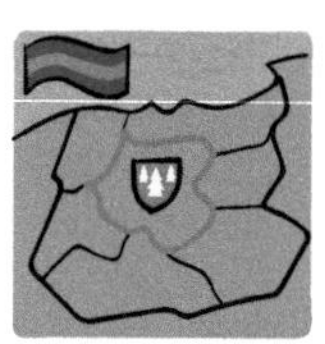

ریاست

....

staat

کلاک

klok

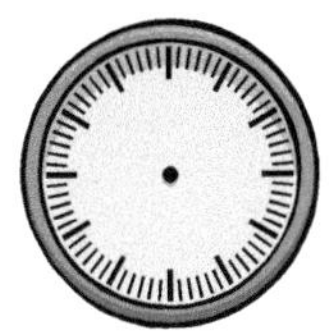

کلاک کا سامنے کا حصہ

wijzerplaat

گھنٹوں والی سوئی

uurwijzer

منٹوں والی سوئی

minuutwijzer

سیکنڈ ہینڈ

secondewijzer

کیا وقت ہوا ہے؟

Hoe laat is het?

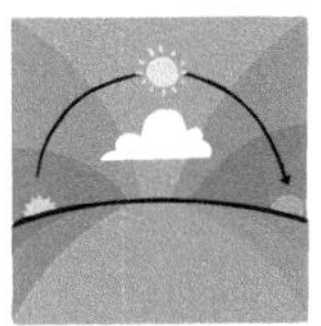

دن

dag

وقت

tijd

اب

nu

ڈیجیٹل گھڑی

digitale horloge

منٹ

minuut

گھنٹہ

uur

ہفتہ

week

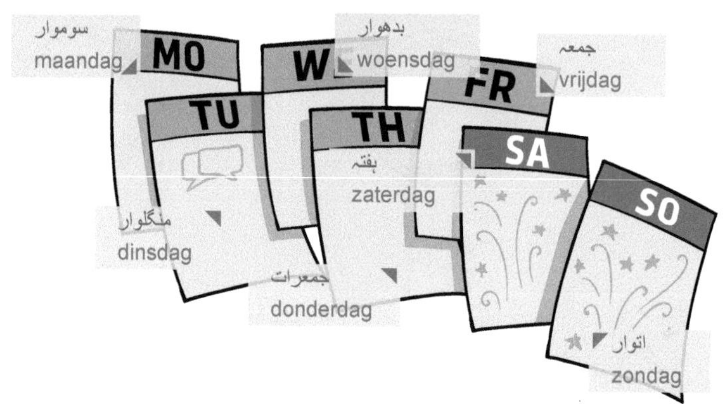

گزرا کل

gisteren

آج

vandaag

کل

morgen

صبح

ochtend

دوپہر

middag

شام

avond

MO	TU	WE	TH	FR	SA	SU
1	2	3	4	5	6	7
8	9	10	11	12	13	14
15	16	17	18	19	20	21
22	23	24	25	26	27	28
29	30	31	1	2	3	4

کاروباری دن

werkdagen

MO	TU	WE	TH	FR	SA	SU
1	2	3	4	5	6	7
8	9	10	11	12	13	14
15	16	17	18	19	20	21
22	23	24	25	26	27	28
29	30	31	1	2	3	4

ہفتےکا اختتام

weekend

سال

jaar

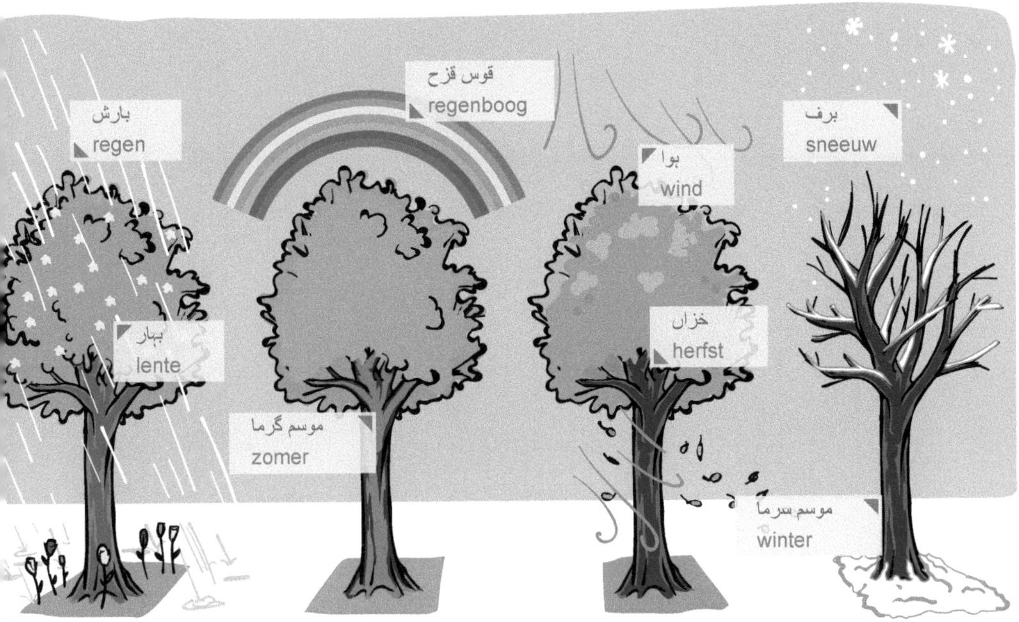

بارش
regen
قوس قزح
regenboog
ہوا
wind
برف
sneeuw
بہار
lente
خزاں
herfst
موسم گرما
zomer
موسم سرما
winter

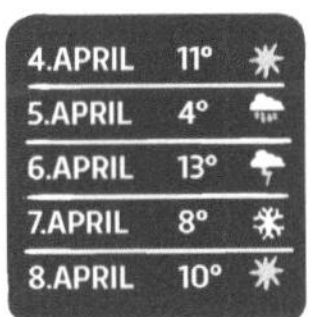

4.APRIL 11°
5.APRIL 4°
6.APRIL 13°
7.APRIL 8°
8.APRIL 10°

موسمی پیش گوئی

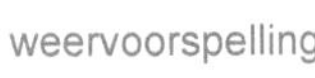

weervoorspelling

F C
120 90 60 30 0 -30
40 30 20 10 0 -10 -20

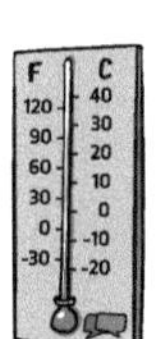

تھرما میٹر

thermometer

دھوپ

zonneschijn

بادل

wolk

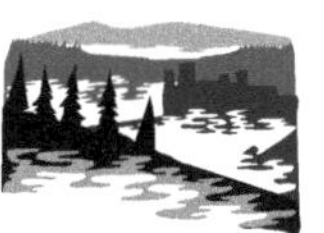

دُھند

mist

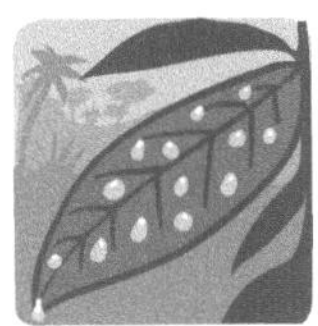

حبس

vochtigheid

بجلی کوندھنا

bliksem

بادلوں کی گرج

donder

طوفان

storm

ژالہ باری

hagel

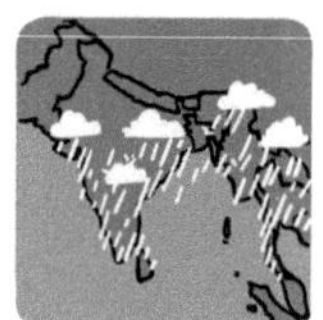

مون سون

moesson

سیلاب

overstroming

برف

ijs

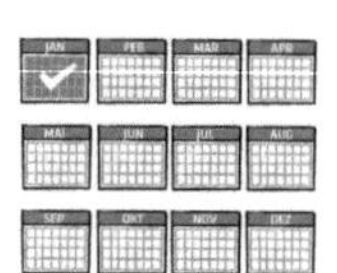

جنوری

januari

فروری

februari

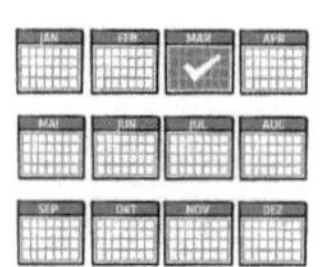

مارچ

maart

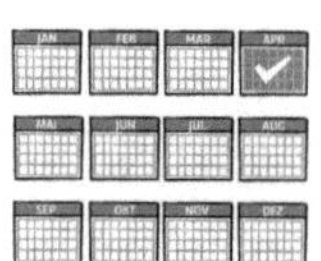

اپریل

april

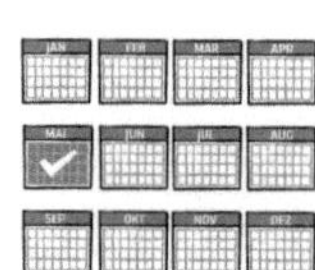

مئی

mei

جون

juni

جولائی

juli

اگست

augustus

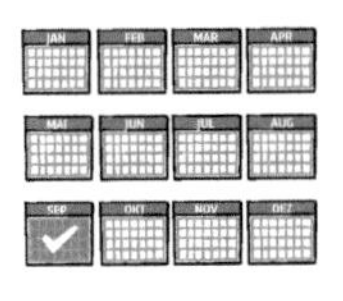

ستمبر

september

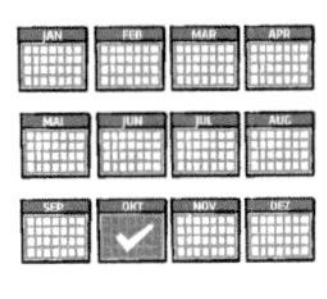

اکتوبر

oktober

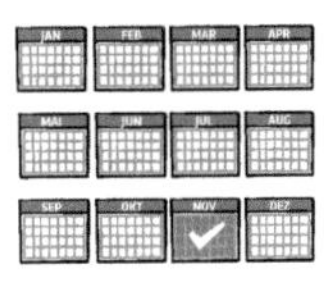

نومبر

november

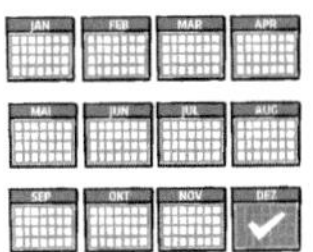

دسمبر

december

اشکال

vormen

دائره

cirkel

چوکور

kwadraat

مُستطیل

rechthoek

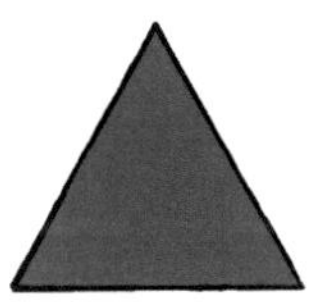

تکون

driehoek

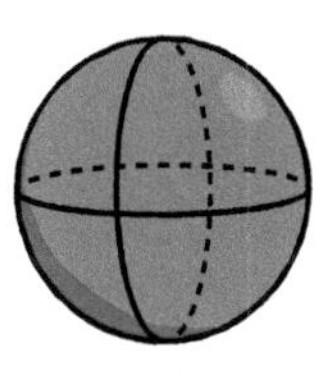

گره

bol

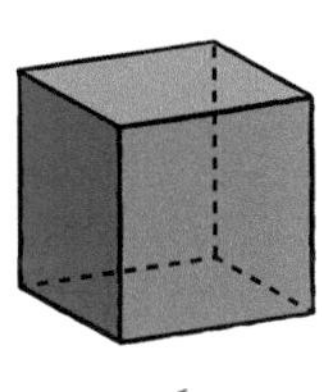

مکعب

kubus

رنگ
kleuren

سفید

wit

پیلا

geel

نارنجی

oranje

گلابی

roze

سُرخ

rood

جامنی

paars

نیلا

blauw

سبز

groen

بھورا

bruin

مٹیالا

grijs

سیاہ

zwart

مخالف

tegengestelden

بہت زیادہ / بہت کم

veel / weinig

ناراض / پُرسکون

boos / kalm

خوبصورت / بدصورت

mooi / lelijk

آغاز / اختتام

begin / einde

بڑا / چھوٹا

groot / klein

روشن / اندھیرا

licht / donker

بھائی / بہن

broer / zus

صاف / گندا

proper / vuil

مکمل / نامکمل

volledig / onvolledig

دن / رات

dag / nacht

زندہ / مُردہ

dood / levend

چوڑا / تنگ

breed / smal

کھانےکےقابل ہونا / کھانےکےقابل نہ ہونا
....
eetbaar / oneetbaar

بُرا / اچھا
....
kwaadaardig / vriendelijk

پُرجوش / بوریت کا شکار
....
opgewonden / verveeld

موٹا / دُبلا
....
dik / dun

پہلا / آخری
....
eerst / laatst

دوست / دُشمن
....
vriend / vijand

بھرا ہوا / خالی
....
vol / leeg

سخت / نرم
....
hard / zacht

بوجھل / ہلکا
....
zwaar / licht

بھوک / پیاس
....
honger / dorst

بیمار / صحتمند
....
ziek / gezond

غیرقانونی / قانونی
....
illegaal / legaal

عقلمند / بیوقوف
....
intelligent / dom

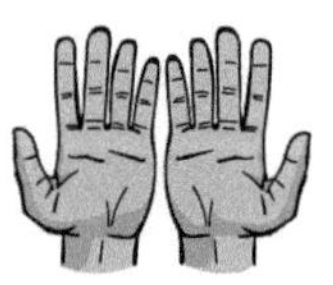

بائیں / دائیں
....
links / rechts

نزدیک / دور
....
dichtbij / veraf

نیا / پُرانا

nieuw / gebruikt

کچھ نہیں / کچھ ہے

niets / iets

بوڑھا / نوجوان

oud / jong

آن / آف

aan / uit

کُھلا / بند

open / dicht

خاموش / بُلند آواز

stil / luid

امیر / غریب

rijk / arm

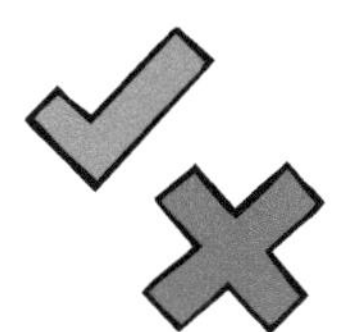

ٹھیک / غلط

juist / fout

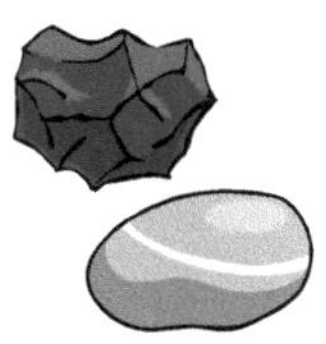

کھُردرا / ہموار

ruw / glad

افسردہ / خوش

droevig / blij

مُختصر / طویل

kort / lang

آہستہ / تیز

traag / snel

گیلا / خُشک

nat / droog

گرم / ٹھنڈا

warm / koud

جنگ / امن

oorlog / vrede

اعداد
cijfers

0	1	2
صفر	ایک	دو
nul	één	twee
3	4	5
تین	چار	پانچ
drie	vier	vijf
6	7	8
چھ	سات	آٹھ
zes	zeven	acht
9	10	11
نو	دس	گیارہ
negen	tien	elf

12

باره

twaalf

13

تیره

dertien

14

چوده

veertien

15

پندره

vijftien

16

سولہ

zestien

17

سترہ

zeventien

18

اٹھارہ

achtien

19

اُنیس

negentien

20

بیس

twintig

100

سو

honderd

1.000

ہزار

duizend

1.000.000

دس لاکھ

miljoen

زبانیں

Talen

انگریزی

Engels

امریکی انگریزی

Amerikaans Engels

چینی مینڈارین

Chinees (Mandarijn)

ہندی

Hindi

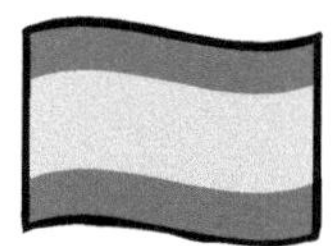

ہسپانوی

Spaans

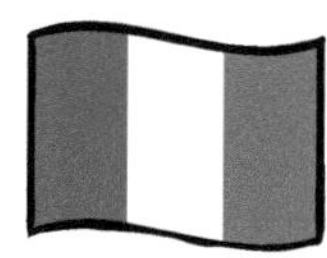

فرانسیسی

Frans

عربی

Arabisch

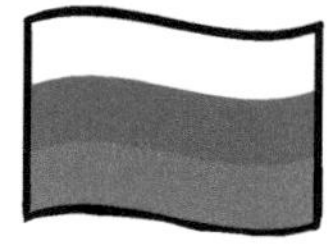

روسی

Russisch

پُرتگالی

Portugees

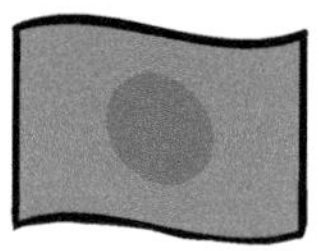

بنگالی

Bengali

جرمن

Duits

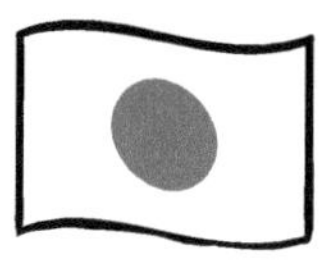

جاپانی

Japans

کون / کیا / کیسے

wie / wat / hoe

میں

ik

تم

u

وہ (لڑکا) / وہ (لڑکی) / یہ

hij / zij / het

ہم

wij

تم

u

وہ

ze

کون؟

wie?

کیا؟

wat?

کیسے؟

hoe?

کہاں؟

waar?

کب؟

wanneer?

نام

naam

کہاں

waar

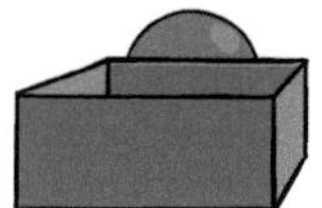

پیچھے

....

achter

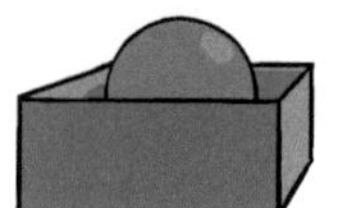

میں

....

in

کے سامنے

....

voor

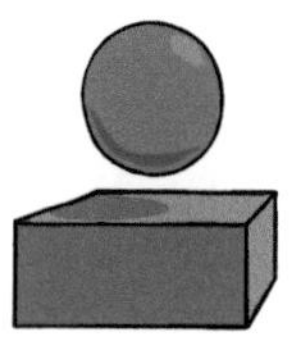

اوپر

....

boven

پر

....

op

نیچے

....

onder

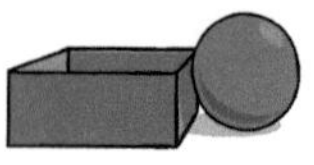

ساتھ

....

naast

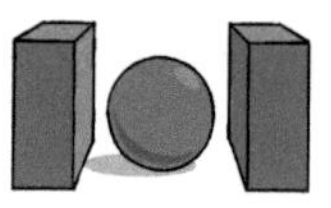

درمیان

....

tussen

جگہ

....

plaats